Fragments et aphorismes

ŒUVRES PRINCIPALES

La Naissance de la tragédie ou Hellénisme et pessimisme
Considérations inactuelles
Humain, trop humain
Aurore, Pensées sur les préjugés moraux
Le gai savoir
Ainsi parlait Zarathoustra
Par-delà le bien et le mal
La Généalogie de la morale. Pamphlet
Le Cas Wagner. Un problème de musicien
Le Crépuscule des idoles ou Comment on philosophe au marteau
L'Antéchrist. Imprécation contre le christianisme
Ecce homo. Comment on devient ce qu'on est

Nietzsche

Fragments et aphorismes

Présentation et choix de Louis Van Delft

© E.J.L., 2003, pour la présente édition

INTRODUCTION

Nietzsche ou du dynamiteur

Le titre de cette présentation vaut avertissement : la pensée de Nietzsche, c'est de la dynamite. C'est ainsi que la qualifia un journaliste du vivant de l'auteur. Nietzsche trouva la façon de voir si juste qu'il n'hésita pas à la reprendre à son compte. « Je ne suis pas un homme, je suis de la dynamite », écrira-t-il peu de semaines avant un effondrement mental de quelque dix ans.

Le titre de gloire que Nietzsche revendique avec le plus de fierté est celui d'immoraliste : Je suis le premier *immoraliste*. Ah bon, dira le lecteur non prévenu, ce n'est donc que cela ? Immoraliste, nous connaissons : il n'est que de penser à Gide. Mais l'immoralisme de Gide n'est que babil d'« enfant » ou de « vieille femme » à côté de celui de Nietzsche. Gide paraît déjà à des millions d'années-lumière à la plupart des lecteurs d'aujourd'hui. La pensée de Nietzsche continue à produire des déflagrations, d'horribles détonations. Il y a là l'« effet de souffle » que provoquent les explosions à la dynamite proprement dite. Un souffle qui renverse et qui projette le lecteur, violemment, très loin, avec le risque de ne pouvoir s'en relever. C'est que pour ce « destructeur par excellence », l'immoraliste représente « la forme la plus haute de probité intellectuelle jamais atteinte jusqu'ici ».

Aujourd'hui plus que jamais, c'est une grande tolérance qui est exigée du lecteur de Nietzsche. L'immémorial « protocole de lecture » qui lie tout lecteur à tout écrivain, dès l'instant où l'on ouvre un livre, est bouleversé de fond en comble. En vertu de ce pacte implicite, le lecteur est disposé à accepter des différences, des divergences, des écarts d'opinion. Mais toujours il y a une terre ferme, un terrain d'entente sur lesquels les deux « partenaires » (lecteur et auteur) se retrouvent : il est entendu que l'écart n'atteindra pas un point de non-retour, que l'auteur élargira l'horizon, le champ visuel du lecteur, mais qu'il n'y aura pas provocation, fin de non-recevoir, rupture. C'est ainsi que l'on a pu définir la littérature comme le lieu par excellence des « échanges conscients entre des esprits » (P. Bénichou).

Chez Nietzsche, les choses se passent à l'inverse. Nous sommes pris à partie dans ce que nous sommes accoutumés – « dressés », dirait-il – à penser, depuis que nous sommes au monde. Nos convictions, nos valeurs le mieux enracinées sont ébranlées. Toute notre image du monde, notre lecture d'autrui, de nous-mêmes, de la nature et de la condition humaines, tout vacille sur ses fondations, menace d'être renversé comme dans un cataclysme, pulvérisé.

On peut refuser d'entrer plus avant en « commerce d'idées » avec un tel dynamiteur. On peut – on devrait – aussi tenter l'expérience, quitte à en sortir déstabilisé, voire scandalisé. C'est à dessein que je ne parle pas d'« entrer dans le jeu ». Il n'y a pas de jeu chez Nietzsche (même si la conception, à l'honneur dans la Grèce antique, de dieux rieurs, ou certaine « légèreté » française exercent sur lui une vive séduction) : il est trop allemand pour cela, « au meilleur et au pire sens du mot ». C'est un homme de colère, de feu, de « fureur ». La philosophie est affaire de vie ou de mort. Il y a polémique, guerre. Partant, c'est aussi, pour nous, affaire d'ouverture d'esprit. *Audi alteram partem*, « entends l'autre partie », dit un vieil adage à l'adresse des juges. Plus que tout autre, le lecteur de Nietzsche, qu'il le veuille ou non, est appelé à juger, à prononcer à son tour des arrêts fût-ce à l'encontre de lui-même, s'agît-il de mort.

C'est justement pour cela que je ne saurais trop insister : lecteur, ne referme pas ce petit livre après les deux ou trois premiers chocs – électrochocs – qui ne peuvent manquer de te secouer violemment. En effet, tu vas être remis en question comme jamais : dans tes opinions politiques, ta conviction religieuse (le cas échéant), l'idée que tu te fais de la vie, du bien, du mal. En tout. Or, si tu décides d'abandonner la partie après la lecture de quelques-unes de ces pensées dévastatrices, à quoi cela reviendra-t-il ? À laisser tout le champ libre à l'auteur. En refusant de dialoguer avec lui, de lui tenir tête, tu paraîtras lui donner raison. Ne t'y trompe pas ; en redoutable dialecticien, il en profitera aussitôt pour crier victoire et proclamer que ton comportement pusillanime prouve la pertinence de ses analyses et la médiocrité du « partenaire » qu'il avait en ta personne.

Ainsi, à bon entendeur salut : s'embarquer pour le continent Nietzsche, « le lointain et le si mystérieux pays de la morale », n'est rien moins que partir en croisière. Avis de tempête sur toute la zone, affrontements garantis. Plus brutalement encore que La Rochefoucauld ou Pascal, il a l'art de nous acculer le dos au mur, nous pousser dans nos derniers retranchements. Kafka voudra qu'un livre soit « la hache qui brise la mer gelée en nous » ; Nietzsche, lui, entendait « philosopher au marteau ». Le projet est plus radical encore que celui du *Procès*. S'attaquer aux concepts, au socle même du « monde comme représentation » (la pensée de Schopenhauer le marqua en profondeur) : l'entreprise est impitoyable, même si l'unique but visé est la reconstruction de tout l'édifice en plus dur, en « airain ».

L'œuvre de Nietzsche forme un massif de plusieurs milliers de pages. La réduire, comme ici, en privilégiant les aphorismes, en taillant dans le vif de mainte page, à un maigre bosquet... gageure ! Cela conduit à sacrifier des aspects essentiels. Sans compter que toute sélection, immanquablement, est pour une part subjective, les « lectures » les plus contraires du « massif » se font concurrence. Les interprétations couvrent le spectre entier des courants philosophiques, des sensibilités littéraires, nihiliste, sceptique, subversif, humaniste, anti-humaniste, tragique, absurde, héritière des Lumières, religieuse en dépit qu'elle en ait, annonciatrice de la « mort de Dieu », de la « volonté de puissance », du fascisme, de la « décadence » de l'Occident, réactionnaire, révolutionnaire. Aussi bien, les indications qui suivent n'entendent en rien flécher un sens unique à travers cette végétation si luxuriante et si déroutante. Elles visent seulement à baliser le parcours, à ouvrir quelques perspectives cavalières pour faciliter l'intelligence des textes à traverser. Au seuil de cette Amazonie, elles proposent au lecteur un vade-mecum, un minimum vital de repères.

Et d'abord, ne versons pas dans l'ornière qui consiste à assimiler l'homme à l'œuvre. Proust nous a suffisamment prévenus : un fossé sépare bien souvent l'un de l'autre. Attribuer aux sentiments de Nietzsche un extrémisme (en matière de religion, de « races », de politique...) qui serait l'exact analogue de l'extrême percée au « scalpel » opérée dans sa « vivisection » de l'histoire des idées est une vue des plus hasardeuses. Même s'il n'est pas interdit de s'intéresser à l'« involontaire biographie d'une âme », le plus judicieux, en ces matières, est de convenir que tout homme, *a fortiori* un exemplaire humain aussi complexe et rare que l'auteur d'*Au-delà du bien et du mal*, est à jamais terre inconnue et même inconnaissable.

À première vue, l'œuvre paraît marquée par l'éclatement le plus total : disparité des sujets (anthropologie, esthétique, morale...), des formes (sentences, essais, poésie...). Les idées fusent dans tous les sens : rien de plus centrifuge. Le fil rouge est d'autant plus difficile à détecter que Nietzsche s'est exprimé sur tout... de surcroît, en soutenant sur bien des sujets des opinions diamétralement opposées. L'exemple le plus flagrant est ce qu'il écrit sur les Juifs, source à la fois de violent rejet par les uns, de dangereux dérapage pour d'autres, trop rarement de foncière remise en question sans rien de trouble ni de passionnel. La difficulté, mais aussi toute la stimulation intellectuelle, tiennent ici comme ailleurs à ce que Nietzsche a exploité comme personne toutes les riches ressources de la forme brève et discontinue.

L'aphorisme se prête à des « saisies » multiples, sans cesse renouvelées. Idéalement, la fragmentation du discours permet de faire le « tour » complet d'une question, en l'éclairant sous un jour toujours neuf, en variant continûment l'angle de prise de vue. Mais cette dialectique par émiettement, atomisation, parallèlement constituée chez ces moralistes français dont Nietzsche se sent très proche, en esthétique, est aussi, en permanence, source de contresens. Par un très délibéré calcul, l'auteur de fragments n'« achève » pas sa pensée, il aiguillonne, il « pique » sans arrêt l'esprit, en escomptant un très profitable « retour » sur le capital investi dans l'habileté du lecteur à penser en « partenariat » avec lui. Le risque qu'il prend n'est jamais mince. Tout comme les moralistes classiques français, Nietzsche ne *pouvait* plus écrire de discours suivi, *more geometrico* (à la façon des démonstrations géométriques), comme le veut Aristote. C'était déjà ce que disait Montaigne : « Je prononce ma sentence (= mon propos) par articles décousus, comme chose qui ne se peut dire à la fois et en bloc ». C'est que le monde était – déjà ! – entré dans une « ère du soupçon » (N. Sarraute) et que le discours lié et bien cousu n'était plus à même de refléter un ordre de plus en plus perçu comme éclaté. Nietzsche a souvent pris conscience, douloureusement, de son statut d'écrivain voué à la solitude et à l'incompréhension, en avance sur ses contemporains, qui continuaient à lire le monde au moyen d'une grille traditionnelle.

De fait, au-delà de cette « parole en archipel » (R. Char), l'éclatement de la pensée, traditionnellement si unitaire, est caractéristique d'une société européenne dont la « crise de conscience », s'annonçant dès la fin du XVIIe siècle, parvient à son apogée dans la seconde moitié du XIXe. Si le passé entier de la morale humaine constitue un « texte hiéroglyphique, laborieux à déchiffrer », il n'importe pas moins de prendre en compte le contexte historique dans lequel est ancrée la pensée du « dynamiteur » lui-même. Plus rien, ni dans l'ordre des sciences, ni dans celui des valeurs, n'est reconnaissable, n'est à sa place familière depuis des millénaires. Plus que jamais se vérifie le mot angoissé lancé dans son *Anatomie du monde* par le poète « métaphysique » John Donne : « Toute cohérence s'en est allée. » Dès lors, où se situe, en dernière analyse, notre auteur ? Question d'autant plus cruciale que le lecteur se sent comme sommé à comparaître devant le tribunal du Jugement dernier. Souvent, la « vision » nietzschéenne, à l'instar de celle des prophètes, est apocalyptique. Les recueils sont le pendant du « Jour de colère ». « Ce petit écrit est une grande déclaration de guerre », annonce l'Avant-propos du *Crépuscule des idoles*. Pour finir, le verbe est d'un imprécateur, il ne se contente plus d'être oraculaire, il a le tranchant du glaive : « J'apporte la guerre. » Ne serait-ce pas une forme de délire ? Cependant, les prophètes eux-mêmes, pour ne rien dire des poètes « visionnaires », n'ont jamais été mieux inspirés – plus lucides – que lorsque les secouait la « fureur »...

Le fil directeur, pourtant, existe. Croyons-en, derechef, Proust : « Les grands littérateurs n'ont jamais fait qu'une seule œuvre » ; la suite de leurs écrits ne forme à son tour que « les fragments d'un même monde ». Le « monde » sur lequel débouchent, comme autant d'« essais », tous les livres (ou presque) de Nietzsche, c'est celui de la *Généalogie de la morale* (1887). C'est là qu'il croit tenir la solution de « l'inquiétant problème » qui l'a plus que tout arrêté : « D'où vient que je n'aie encore rencontré personne, pas même dans les livres, personne qui se placerait devant la morale comme si elle était quelque chose d'individuel, qui ferait de la morale un problème et de ce problème *sa* peine, *son* tourment, *sa* volupté et *sa* passion individuelles ? » On le subodorait : pour qu'il revendique si hautement la qualité d'« immoraliste », il fallait bien que la question de « la morale comme manifestation contre nature » fût le principe vital innervant toute sa pensée.

Pour bien percevoir ce point nodal, prendre le plus grand recul.

Dans l'ordre philosophique, Nietzsche appartient à la famille des « philosophes moraux », les « philosophes de la vie » de Dilthey, les « spectateurs de la vie » de Montaigne, bref : les moralistes. Rien, sans doute, même à notre époque orpheline de repères, ne permet mieux de comprendre d'où notre culture est partie, où plongent aujourd'hui encore ses racines, ni quelle mutation la travaille, que la millénaire tradition qui va de Socrate à Cioran. C'est elle qui a façonné des notions fondatrices comme celles de l'« humain voyage », du « théâtre du monde », de « la guerre de la vie », de l'« art de la prudence ». Cette tradition, Nietzsche la connaît à fond. Ce n'est pas assez dire : il la *vit* jusqu'en son tréfonds. C'est elle, avec ses quelques « métaphores mères » transmises d'âge en âge depuis Socrate, qui soutient toute son œuvre. Toute sa pensée, dont le noyau dur est ce que son compatriote Friedrich Schlegel appelait l'« équation de l'existence humaine », s'édifie sur la pierre angulaire de cette métaphorique immémoriale.

Or, il faut en convenir : la grande lignée des moralistes est composée, presque uniquement... de suiveurs. Elle n'a jamais reculé devant la paraphrase, la redondance, ni même le ressassement. Infiniment rares, même parmi ses membres les plus illustres, ceux qui « ont des yeux » (La Bruyère) et regardent enfin la vie par eux-mêmes. À considérer même cette tradition sur le « temps long » des historiens, ce n'est que de très loin en très loin que surgit enfin un auteur qui dise quelque chose de neuf, qui repasse toutes les valeurs et idées reçues au tamis de son jugement enfin critique. Ceux-là se comptent sur les doigts : au cours des cinq derniers siècles : Montaigne, qui ose « ramener la sagesse humaine, du ciel où elle perdait son temps pour la rendre à l'homme, où est sa plus juste et plus utile besogne » ; La Rochefoucauld, qui ose arracher aux « vertus » leurs plus fallacieux « déguisements », aux « philosophes » leurs masques d'imposteurs ; les « réalistes », dans le sillage de Machiavel, Gracián, Hobbes. Et Nietzsche, dont la vocation est d'être en tout un absolu franc-tireur, un absolu « esprit libre », faisant bien plus radicalement que Descartes – qualifié d'« inutile » – table rase de tout ce que la

Tradition roulait depuis des millénaires et avait déposé en lui.

Cette somme, théologique autant que morale, il estime qu'elle représente une fantasmagorie, un fatras. Pis : la défaite de la raison, une maladie du caractère, annonciatrices du « ravalement de l'homme ». Du point de vue de la connaissance objective, scientifique, on se trouve devant un désert, le paysage n'offre rien que désolation. En tant que « problème » philosophique, la morale n'a jamais été étudiée que de façon purement « impressionniste » : la vérité est mise « cul par-dessus tête ». Nietzsche est celui qui s'arrête, « comme s'arrête le voyageur ». En tant que « généalogiste de la morale », il se situe dans la lignée d'un Montaigne, d'un Chamfort, qui se définissaient comme « naturalistes ». Comme eux, il estime que le « problème » ne saurait être abordé sans faire une large part à la psychologie. Aussi bien, si la morale établie est une « fatale erreur », celle-ci est à mettre sur le compte d'une « névrose religieuse », collective autant qu'ancienne.

À cet égard, le « gai savoir » consiste à remonter le cours entier de l'histoire des idées morales, à procéder au « démontage » de la doctrine qui a force de loi en Occident depuis la plus haute Antiquité judéo-chrétienne. Par là s'éclaire le sens de la capitale notion de « transmutation » des valeurs. C'est là le complet renversement de l'échelle des valeurs de génération en génération transmises, inculquées, canonisées. Elles trouveraient leur origine dans la plus subtile en même temps que la plus insidieuse des « revanches », prise par les « faibles », les Juifs, sur les « forts », les « maîtres », en particulier les « Germains ». Tout ce que Nietzsche a écrit de plus virulent (sur l'Europe, le socialisme, l'« homme malade de lui-même », la « morale de ressentiment »...) résulte de ce « raccourci » fulgurant. Le malaise du lecteur provient de ce que, loin de procéder en froid analyste, le penseur, emporté par la fougue du pamphlétaire, emboîte le pas aux philosophes cyniques. De notre temps, ce qualificatif a pris une nette valeur négative. Mais tout, dans le cas de Nietzsche, doit être considéré à l'aune de la « longue durée ». Son modèle, ici, est manifestement Diogène, figure emblématique de cette famille de philosophes. L'authentique Cynique entend remplir dans la Cité une fonction purgative et curative, retourner les opinions reçues, le langage conventionnel, les fabrications des « faux-monnayeurs ». « Toutes les philosophies morales » n'ayant été que des « soporifiques », provoquer, au besoin couvrir autrui d'injures, constitue à ses yeux le plus sûr moyen de *réveiller* ses semblables, les sortir de leur torpeur et de leurs turpitudes.

Chez Nietzsche, la déconstruction ne tient en rien d'un patient désagencement. C'est une indignation, c'est une révolte, pratiquement une révulsion, tant tout est corporel, viscéral, même au principe de sa « pensée ». La morale du « troupeau » lui paraît d'une si insigne et indigne faiblesse qu'elle tourne littéralement le cœur. En des temps plus anciens, ce démolisseur aurait aussi pu être un fondateur d'ordre religieux ou un « hérétique » à la manière de Luther (souvent évoqué). Si incandescentes sont ses opinions, et il a si violemment « renversé » la morale en place, que son rendez-vous avec l'Histoire, à même de traduire en actes une pensée, est voué à être manqué à jamais. Mais il a sa place marquée dans l'histoire des idées : aux esprits d'une certaine trempe, capables de faire la part de ce qui est « humain, trop humain », il rend le salutaire service, pour paraphraser La Rochefoucauld, de les faire « douter de ce à quoi ils croient le plus ».

Louis Van Delft

Louis Van Delft a suivi les traductions procurées par Henri Albert. Les titres des sections sont du présentateur, inspirés tantôt par des tournures récurrentes sous la plume de Nietzsche, tantôt par la tradition des moralistes. Dans chacune des huit sections, les fragments sont ordonnés suivant l'ordre de parution des divers ouvrages dont ils sont tirés.

Les œuvres dont les textes sont extraits sont désignées par une ou deux lettres majuscules, pour faciliter la recherche du contexte de tel ou tel fragment dans les deux volumes des Œuvres de Nietzsche dans la collection « Bouquins » (Paris, R. Laffont, 1993).

Chaque fois qu'un aphorisme ou une notation sont extraits d'un développement plus étendu, la coupure est signalée, suivant l'usage, par les signes [...].

Humain, trop humain. Un livre pour les esprits libres (1878-1879), I [H]

II, 1 : *Opinions et sentences mêlées* [OS]

II, 2 : *Le Voyageur et son ombre* [VO]

Aurore, Pensées sur les préjugés moraux (1881) [A]

Le Gai Savoir (1882-1887) [GS]

Par-delà le bien et le mal. Prélude à une philosophie de l'avenir (1886) [BM]

La Généalogie de la morale. Pamphlet (1887) [G]

Le Crépuscule des idoles ou Comment on philosophe au marteau (1888) [C]

À mon lecteur

Bonne mâchoire et bon estomac –
C'est ce que je te souhaite !
Et quand tu auras digéré mon livre,
Tu t'entendras certes avec moi !

GS, prélude, n° 54

LA VIE COMME VOYAGE

Depuis l'Antiquité, bien des moralistes, mais aussi nombre de philosophes, de poètes, de romanciers ont le sentiment d'effectuer ce que Montaigne appelle l'« humain voyage ». Nietzsche est très proche de cette tradition qui assimile notre vécu à un long périple sur terre ou sur mer. Ce parcours paraît toujours fort surprenant, inexplicable ; il dessine pourtant, pour tous, un seul et même tracé. Quelque uniques que nous apparaissent les péripéties de notre destinée individuelle, le « voyage de la vie » crée une manière de solidarité entre les hommes.

De l'allégement de la vie. – Un moyen capital de se rendre la vie plus légère est d'en idéaliser les événements ; mais il faut se faire d'après la peinture une idée claire de ce que c'est qu'idéaliser. Le peintre désire que le regard du spectateur ne soit pas trop exact, trop aigu, il le force à se rendre à une certaine distance, pour considérer son œuvre de là ; il est obligé de supposer que celui qui regarde le tableau est placé à une distance très déterminée ; mieux encore, il lui faut admettre chez son spectateur un degré d'acuité de l'œil également déterminé ; sur ces points il n'a pas le droit d'être indécis. Tout homme donc qui veut idéaliser sa vie ne doit pas vouloir la regarder trop précisément et doit toujours reculer son œil à une certaine distance. C'est là un artifice où Goethe, par exemple, s'entendait fort bien.

H, n° 279

Survie des parents. – Les dissonances non résolues dans les rapports de caractère et de tour d'esprit des parents continuent à résonner dans l'être de l'enfant et font l'histoire intérieure de sa souffrance.

H, n° 379

Corriger la nature. – Si l'on n'a pas un bon père, on doit s'en donner un.

H, n° 381

Trop près. – À vivre trop près d'un être il nous arrive la même chose que si nous reprenons toujours une bonne gravure avec les doigts nus : un beau jour nous avons dans les mains un méchant papier sale et rien de plus. L'âme aussi est usée par un contact continuel ; du moins elle finit par nous le *paraître* – nous ne revoyons jamais sa figure et sa beauté originelles.

H, n° 428

La seule chose qui soit nécessaire. – Une seule chose est nécessaire à avoir : ou bien un esprit léger de nature ou bien un *esprit rendu léger* par l'art et la science.

H, n° 486

Les circonstances manquent. – Beaucoup de gens attendent toute leur vie l'occasion d'être bon à *leur manière*.

H, n° 558

Profession. – Une profession est l'épine dorsale de la vie.

H, n° 575

La petite aiguille de la vie. – La vie se compose de rares moments isolés d'une extrême importance et d'intervalles en nombre infini, dans lesquels tout au plus les ombres de ces moments planent autour de nous. L'amour, le printemps, toute belle mélodie, la montagne, la lune, la mer – tout ne parle qu'une fois entièrement au cœur : si même il arrive qu'ils prennent la parole tout à fait. Car beaucoup de gens n'ont pas même ces moments et sont eux-mêmes des intervalles et des pauses dans la symphonie de la vie réelle.

H, n° 586

Désir d'une profonde douleur. – La passion laisse, quand elle est passée, un regret obscur d'elle-même, et nous jette encore, tandis qu'elle disparaît, un regard séducteur. Il faut bien qu'il y ait une sorte de plaisir à être frappé de ses fouets. Les sentiments médiocres paraissent vides en comparaison ; on aime, à ce qu'il paraît, encore mieux le déplaisir intense que le plaisir terne.

H, n° 606

Les hommes, mauvais poètes. – Tout comme les mauvais poètes, dans la seconde partie du vers, cherchent l'idée pour la rime, de même les hommes, dans la seconde partie de la vie, devenus plus inquiets, ont coutume de chercher les actions, les situations, les relations, qui cadrent avec celles de leur vie antérieure, en sorte qu'extérieurement tout soit d'accord ; mais leur vie n'est plus dominée et toujours à nouveau déterminée par une pensée forte, elle est remplacée par l'intention de trouver la rime.

H, n° 610

Retiré du présent. – Il y a de grands avantages à se retirer un jour de son temps dans une forte mesure, et pour ainsi dire à se laisser entraîner loin de son rivage sur l'océan des conceptions passées du monde. De là, regardant vers le rivage, on en embrasse pour la première fois sans doute la configuration d'ensemble, et, quand on s'en rapproche, on a l'avantage de le comprendre mieux en totalité que ceux qui ne l'ont jamais quitté.

H, n° 616

Vie et aventures. – Quand on voit comment certaines gens savent s'arranger avec ce qui leur arrive, – avec leurs expériences insignifiantes de chaque jour – de sorte qu'ils deviennent un terrain qui porte fruit trois fois l'an ; tandis que d'autres – et combien ! – sont entraînés par les coups de mer des vicissitudes les plus houleuses, des courants les plus variés des temps et des peuples, et cependant restent toujours légers, toujours à la surface, comme du liège : on est à la fin tenté de diviser l'humanité en une minorité (une minimalité) d'hommes qui savent faire de peu beaucoup, et une majorité de ceux qui savent faire de beaucoup fort peu ; bien mieux, on tombe sur des maîtres en sorcellerie à rebours qui, au lieu de créer de rien le monde, créent du monde un rien.

H, n° 627

Échelle des voyageurs. – Il faut distinguer cinq degrés parmi les voyageurs : ceux du premier degré, le plus bas, sont les voyageurs que l'on *voit*, – à vrai dire *on les voyage* et ils sont aveugles en quelque sorte ; les suivants sont ceux qui regardent véritablement le monde ; au troisième degré il *arrive* quelque chose au voyageur par suite de ses observations ; au quatrième les voyageurs retiennent ce qu'ils ont vécu et ils continuent à le porter en eux ; et enfin il y a quelques hommes d'une puissance supérieure qui, nécessairement, finissent par étaler au grand jour tout ce qu'ils ont vu, après l'avoir vécu et se l'être assimilé ; ils revivent alors leurs voyages en œuvres et en actions, dès qu'ils sont revenus chez eux. – Semblables à ces cinq catégories de voyageurs, tous les hommes traversent le grand pèlerinage de la vie, les inférieurs d'une façon purement passive, les supérieurs en hommes d'action qui savent vivre tout ce qui leur arrive, sans garder en eux un excédent d'événements intérieurs.

OS, n° 228

Les amis fantômes. – Lorsque nous nous transformons fortement, nos amis, ceux qui n'ont pas changé, deviennent les fantômes de notre propre passé : leur voix résonne jusqu'à nous, comme si elle venait de la région des ombres – comme si nous nous entendions nous-mêmes, plus jeunes cependant, plus durs et moins mûris.

OS, n° 242

En se séparant. – Ce n'est pas dans la façon dont une âme s'approche d'une autre, mais dans la façon dont elle s'en sépare, que je reconnais son affinité et sa parenté avec elle.

OS, n° 251

L'éternel enfant. – Nous croyons que les contes et les jeux appartiennent à l'enfance, myopes que nous sommes ! Comment pourrions-nous vivre, à n'importe quel âge de la vie, sans contes et sans jeux ! Il est vrai que nous donnons d'autres noms à tout cela et que nous l'envisageons autrement, mais c'est là précisément une preuve que c'est la même chose ! – car l'enfant, lui aussi, considère son jeu comme un travail et le conte comme la vérité. La brièveté de la vie devrait nous garder de la séparation pédante des âges – comme si chaque âge apportait quelque chose de nouveau –, et ce serait l'affaire d'un poète de nous montrer une fois l'homme qui, à deux cents ans d'âge, vivrait véritablement sans contes et sans jeux.

OS, n° 270

Biens mobiliers et propriété foncière. – Quand une fois la vie vous a traité en vraie spoliatrice et vous a pris tout ce qu'elle pouvait vous prendre de vos honneurs et de vos joies, vous enlevant vos amis, votre santé et votre avoir, on découvrira peut-être après coup, lorsque la première frayeur sera passée, que l'on est *plus riche* qu'auparavant. Car maintenant seulement on sait ce qui vous appartient, au point que nulle main sacrilège ne peut y toucher : et c'est ainsi que l'on sortira peut-être de tout ce pillage et de cette confusion avec la noblesse d'un grand propriétaire foncier.

OS, n° 343

Du pays des anthropophages. – Dans la solitude le solitaire se ronge le cœur ; dans la multitude c'est la foule qui le lui ronge. Choisis donc !

OS, n° 348

Bonheur d'escalier. – De même que, chez certains hommes, le mot d'esprit ne marche pas d'un pas égal avec l'occasion de le placer, en sorte que l'occasion a déjà passé la porte quand le mot est encore dans l'escalier, chez d'autres hommes, il y a une espèce de *bonheur d'escalier* qui court trop lentement pour être toujours aux côtés du temps aux pieds légers. La meilleure jouissance que procure à ces hommes un événement ou toute une période de la vie ne leur parvient que longtemps après, parfois seulement comme un faible parfum aromatisé, qui éveille nostalgie et tristesse, – comme si – à un moment ou à un autre – il avait été possible d'étancher sa soif dans cet élément, tandis que maintenant il est trop tard.

OS, n° 352

Raison de beaucoup d'humeur. – Celui qui, dans la vie, préfère le beau à l'utile finira, comme l'enfant qui préfère les sucreries au pain, par se gâter l'estomac et par regarder le monde avec beaucoup d'humeur.

OS, n° 364

Laisser dans le royaume des ombres. – Il y a beaucoup de choses qu'il faut laisser dans le royaume des sentiments à peine conscients, sans vouloir les délivrer de leur existence d'ombres, autrement, lorsque ces choses sont devenues pensées et paroles, elles s'imposent à nous comme des démons et demandent cruellement notre sang.

OS, n° 374

Se contenter. – Le signe que l'on a atteint la maturité de la raison, c'est qu'on ne s'aventure plus aux endroits où poussent les fleurs rares sous les broussailles les plus épineuses de la connaissance, et l'on se contente des jardins, des forêts, des prairies et des champs, considérant que la vie est trop courte pour les choses rares et extraordinaires.

OS, n° 399

La descente aux Enfers. – Moi aussi, j'ai été aux Enfers comme Ulysse et j'y serai souvent encore ; et pour pouvoir parler à quelques morts, j'ai non seulement sacrifié des béliers, je n'ai pas non plus ménagé mon propre sang. Quatre couples d'hommes ne se sont pas refusés à moi qui sacrifiais : Épicure et Montaigne, Goethe et Spinoza, Platon et Rousseau, Pascal et Schopenhauer. C'est avec eux qu'il faut que je m'explique, lorsque j'ai longtemps cheminé solitaire, c'est par eux que je veux me faire donner tort et raison, et je les écouterai, lorsque, devant moi, ils se donneront tort et raison les uns aux autres. Quoi que je dise, quoi que je décide, quoi que j'imagine pour moi et les autres : c'est sur ces *huit* que je fixe les yeux et je vois les leurs fixés sur moi. – Que les vivants me pardonnent s'ils m'apparaissent parfois comme des ombres, tellement ils sont pâles et attristés, inquiets, et, hélas ! tellement avides de vivre : tandis que ceux-là m'apparaissent alors si vivants, comme si, *après* être morts, ils ne pouvaient plus jamais être las de vivre. Or, ce qui importe, c'est bien cette *vivace pérennité* : que nous fait la « vie éternelle », et, en général, la vie !

OS, n° 408

Modestie de l'homme. – Que peu de plaisir suffit à la plupart pour trouver la vie bonne, que l'homme est modeste !

VO, n° 15

Le remords. – Le remords est, comme la morsure d'un chien contre la pierre, une bêtise.

VO, n° 38

Cloaques de l'âme. – L'âme elle aussi doit avoir ses cloaques particuliers où elle fait écouler ses immondices. Bien des choses peuvent servir à cela : des personnes, des relations, des classes sociales, peut-être la patrie, ou encore le monde, ou enfin pour les plus orgueilleux (je veux dire nos chers « pessimistes » modernes) – le bon Dieu.

VO, n° 46

La pratique du sage. – Pour devenir sage, il faut *vouloir* que certaines choses arrivent dans votre vie, donc se jeter dans la gueule des événements. Il est vrai que c'est très dangereux ; bien des « sages » y ont été dévorés.

VO, n° 298

Pauvre humanité ! – Une goutte de sang de plus ou de moins dans le cerveau peut rendre notre vie indiciblement misérable et pénible, si bien que nous souffrons plus de cette goutte que Prométhée de son vautour. Mais cela n'est vraiment tout à fait épouvantable que lorsque l'on ne *sait* même pas que c'est cette goutte qui en est la cause. Et que l'on se figure que c'est « le diable » ! Ou « le péché » !

A, n° 83

Le jugement du soir. – Celui qui réfléchit à sa tâche de la journée ou de la vie, lorsqu'il est arrivé au bout et qu'il est fatigué, se livre généralement à des considérations mélancoliques : mais il ne faut s'en prendre ni au jour ni à la vie, mais à la fatigue. – Au milieu du travail fécond nous ne prenons généralement pas le temps de juger la vie et l'existence, et pas davantage au milieu du plaisir : mais si d'aventure nous nous y arrêtons quand même, nous ne donnons plus raison à celui qui attendit le septième jour et le repos, pour trouver bien tout ce qui est, – il avait laissé passer le *meilleur* moment.

A, n° 317

Prétendument moral. – Vous voulez ne jamais être mécontents de vous-mêmes, ne jamais souffrir de vous-mêmes – et vous appelez cela votre penchant moral ! Eh bien ! un autre dira que c'est là votre lâcheté. Mais il y a une chose certaine, c'est que vous ne ferez jamais le voyage autour du monde (que vous êtes vous-mêmes) et vous resterez, en vous-mêmes, un hasard, glèbe attachée à la glèbe. Croyez-vous donc que nous qui sommes d'un autre avis, nous nous exposions par pure folie au voyage à travers nos propres déserts, nos marécages et nos sommets de glace, que nous avons choisi volontairement les douleurs et le dégoût comme les anachorètes stylites ?

A, n° 343

Courage de souffrir. – Tels que nous sommes faits maintenant, nous sommes capables de supporter une certaine dose de déplaisir et notre estomac est habitué à ces nourritures indigestes. Peut-être que, sans elles, nous trouverions fade le repas de la vie : et sans la bonne volonté de souffrir nous serions forcés de laisser échapper beaucoup trop de joies.

A, n° 354

Comment il faut se pétrifier. – Devenir dur, lentement, lentement, comme une pierre précieuse – et finalement demeurer là tranquillement, pour la joie de l'éternité.

A, n° 541

Sur l'horizon de l'infini. – Nous avons quitté la terre et sommes embarqués ! Nous avons laissé la passerelle derrière nous, – mieux encore, nous avons laissé la terre derrière nous ! Eh bien ! petit navire, prends garde ! À tes côtés il y a l'océan : il est vrai qu'il ne mugit pas toujours, et parfois sa nappe s'étend comme de la soie et de l'or, une rêverie de bonté. Mais il viendra des heures où tu reconnaîtras qu'il est l'infini et qu'il n'y a rien de plus terrible que l'infini. Hélas ! pauvre oiseau, toi qui t'es senti libre, tu te heurtes maintenant aux barreaux de cette cage ! Malheur à toi, si tu es saisi du mal du pays, comme s'il y avait eu là-bas plus de *liberté*, – et maintenant il n'y a plus de « terre » !

GS, n° 124

Nos pensées. – Nos pensées sont les ombres de nos sentiments, – toujours plus obscures, plus vides, plus simples que ceux-ci.

GS, n° 179

SUR LE THÉÂTRE DU MONDE

Autre thème qui parcourt la réflexion des moralistes. La succession des événements, des « accidents », des péripéties de notre vie, tout cela ne relèverait-il pas de l'ordre du théâtre ? Ce réel auquel nous nous accoutumons si vite, auquel nous croyons dur comme fer, ne donne-t-il pas, à de rares moments, l'impression d'être pure illusion ? Comme beaucoup d'autres athées, Nietzsche est surtout sensible aux « caprices » du sort, à la comédie, aux jeux de masques que tant d'hommes « montent » aux autres, voire à eux-mêmes. Le christianisme lui paraît alors la plus grande imposture. Mais, loin de tomber dans la folie, le philosophe reste un parfait « spectateur du monde ».

La peau de l'âme. – De même que les os, les muscles, les entrailles et les vaisseaux sanguins sont enfermés dans une peau qui rend l'aspect de l'homme supportable, de même les émotions et les passions de l'âme sont enveloppées dans la vanité : c'est la peau de l'âme.

H, n° 82

[...] Faut-il croire qu'il y aura sans cesse décadence dans les manières ? Il me semble plutôt que les manières décrivent une courbe profonde et que nous approchons de son point le plus bas. [...]

H, n° 250

Copies. – Il n'est pas rare de rencontrer des copies d'hommes supérieurs ; et la plupart des gens, comme il arrive pour les tableaux, prennent aussi plus de plaisir aux copies qu'aux originaux.

H, n° 294

Manque d'abandon. – Le manque d'abandon entre amis est une faute qui ne peut être blâmée sans devenir irrémédiable.

H, n° 296

Dans une société sans esprit. – Personne ne sait gré à l'homme spirituel de sa courtoisie, quand il se met au niveau d'une société où il n'est pas courtois de montrer de l'esprit.

H, n° 324

La prétention alliée aux mérites. – La prétention alliée à certains mérites offense plus encore que la prétention sans mérite : car déjà le mérite est à lui seul une offense.

H, n° 332

Homme de caractère. – Un homme paraît avoir du caractère beaucoup plus souvent parce qu'il suit toujours son tempérament que parce qu'il suit toujours ses principes.

H, n° 485

Le plus noble des hypocrites. – Ne pas du tout parler de soi, c'est une très noble hypocrisie.

H, n° 504

En pleine nature. – Si nous aimons être en pleine nature, c'est parce que la nature n'a pas d'opinion sur nous.

H, n° 508

Danger de notre civilisation. – Nous sommes d'un temps dont la civilisation est en danger de périr par les moyens de civilisation.

H, n° 520

Infortune. – La distinction qu'on trouve dans l'infortune (comme si c'était un signe de platitude, de manque d'ambition, de vulgarité, que de se sentir heureux) est si grande que si l'on dit à quelqu'un : « Mais que vous êtes heureux ! », il ne manque guère de protester.

H, n° 534

Valeur d'adversaires ineptes. – On ne reste parfois fidèle à une cause que parce que ses adversaires ne cessent pas d'être ineptes.

H, n° 536

Demi-savoir. – Le demi-savoir triomphe plus facilement que le savoir complet : il voit les choses plus simples qu'elles ne sont, et par là en donne une idée plus compréhensible et plus convaincante.

H, n° 578

Après la mort. – C'est généralement longtemps seulement après sa mort que nous trouvons incompréhensible l'absence d'un homme : pour de très grands hommes, c'est parfois seulement après des dizaines d'années. Celui qui est franc devant lui-même se dit, à l'occasion d'un décès, qu'en somme il n'y a pas beaucoup à regretter et que l'homme qui prononce solennellement l'oraison funèbre est un hypocrite. Mais la disette finit par enseigner la raison d'être d'un individu, et son épitaphe véritable est un tardif soupir de regret.

OS, n° 373

[...] La sagesse, c'est ce que le solitaire se chuchote à lui-même sur la place publique.

OS, n° 386

L'homme comédien de l'univers. – Il faudrait des êtres plus spirituels que n'est l'homme, rien que pour goûter à fond l'humour qui réside en ce que l'homme se regarde comme la fin de tout l'univers, et que l'humanité déclare sérieusement ne pas se contenter de moins que de la perspective d'une mission universelle. Si un Dieu a créé le monde, il a créé l'homme pour être *le singe de Dieu*, comme un perpétuel sujet de gaieté dans ses éternités un peu trop longues.

VO, n° 14

Devenir hypocrite. – Tout mendiant devient hypocrite, comme quiconque fait profession d'une pénurie et d'une détresse (qu'elle soit personnelle ou publique). – Le mendiant est loin d'éprouver sa détresse avec autant d'intensité qu'il est obligé de la *faire* éprouver s'il veut vivre de mendicité.

VO, n° 36

Contenu de la conscience. – Le contenu de notre conscience est la seule chose qui, pendant les années de notre jeunesse, nous a été *demandée* régulièrement et sans raison, par des personnes que nous respections ou craignions. C'est donc de la conscience que vient ce sentiment du devoir (« il faut que je fasse telle chose, que je ne fasse pas telle autre ») qui ne demande pas : *pourquoi* faut-il qu'il en soit ainsi ? – Dans tous les cas où une chose est faite avec « pourquoi » et « parce que », l'homme agit *sans* conscience ; mais ce n'est pas encore une raison pour qu'il agisse contre sa conscience. – La foi en l'autorité est la source de la conscience : celle-ci n'est donc pas la voix de Dieu dans la poitrine de l'homme, mais la voix de quelques hommes dans l'homme.

VO, n° 52

Nouveaux acteurs. – Il n'y a pas de plus grande banalité parmi les hommes que la mort ; au second rang arrive la naissance, parce que sans naître on peut pourtant mourir ; et ensuite le mariage. Mais toutes ces petites tragi-comédies qui se jouent, à chacune de leurs représentations, innombrées et innombrables, sont toujours interprétées par de nouveaux acteurs et ne cessent pas par conséquent d'avoir des spectateurs intéressés ; alors qu'on croirait plutôt que tous les spectateurs du théâtre terrestre en auraient déjà conçu un tel ennui qu'ils se seraient pendus à tous les arbres. Ce sont les nouveaux acteurs qui importent et si peu la pièce !

VO, n° 58

Touristes. – Ils gravissent la montagne comme des animaux, bêtement et ruisselant de sueur ; on a oublié de leur dire qu'il y a en chemin de beaux points de vue.

VO, n° 202

Trop et trop peu. – De nos jours, les hommes vivent tous beaucoup trop et pensent trop peu : ils ont tout à la fois la colique et une faim dévorante, c'est pourquoi ils maigrissent à vue d'œil, malgré toute la nourriture qu'ils absorbent. – Celui qui dit maintenant : « Il ne m'est rien arrivé » passe pour un imbécile.

VO, n° 203

Comment le penseur utilise une conversation. – Sans être précisément un écouteur, on peut entendre beaucoup si l'on a appris à bien voir, tout en se perdant de vue pour un certain temps. Mais les hommes ne savent pas utiliser une conversation ; ils mettent beaucoup trop d'attention à ce qu'ils veulent dire et répondre, tandis que le véritable *auditeur* se contente parfois de répondre provisoirement et de *dire* simplement quelque chose, comme un acompte fait à la politesse, emportant en revanche dans sa mémoire pleine de cachettes tout ce que l'autre a formulé, plus le ton et l'attitude qu'il mit dans son discours. – Dans la conversation habituelle chacun croit mener la discussion, comme si deux vaisseaux qui naviguent de conserve et qui se donnent un petit choc de temps en temps avaient l'illusion de précéder ou même de remorquer le vaisseau voisin.

VO, n° 241

Lettre. – La lettre est une visite qui ne se fait pas annoncer, le facteur est l'intermédiaire de ces surprises impolies. On devrait avoir tous les huit jours une heure pour recevoir sa correspondance et prendre chaque fois un bain après.

VO, n° 261

Prémisses de l'âge des machines. – La presse, la machine, le chemin de fer, le télégraphe sont des prémisses dont personne n'a encore osé tirer la conclusion qui viendra dans mille ans.

VO, n° 278

Le professeur est un mal nécessaire. – Aussi peu de personnes que possible entre les esprits productifs et les esprits qui ont soif de recevoir ! Car les *intermédiaires* falsifient presque involontairement la nourriture qu'ils transmettent ; de plus, en récompense de leur médiation, ils demandent trop *pour eux*, de l'intérêt, de l'admiration, du temps, de l'argent et autre chose, dont on prive par conséquent les esprits originaux et producteurs. – Il faut donc toujours considérer le professeur comme un mal nécessaire, tout comme on fait du commerçant : un mal qu'il faut rendre aussi *petit* que possible. [...] De même on peut certainement chercher une des raisons de la misère des conditions intellectuelles dans le nombre exagéré des professeurs : c'est à cause d'eux que l'on apprend si peu et si mal.

VO, n° 282

La monotonie du sage. – Les vaches ont parfois une expression d'étonnement qui a l'air d'une interrogation demeurée en route. Au contraire, le *nil admirari* se reflète dans l'œil de l'intelligence supérieure comme la monotonie d'un ciel sans nuages.

VO, n° 313

Raison. – Comment la raison est-elle venue dans le monde ? D'une façon déraisonnable, comme de juste – par le hasard. Il faudra déchiffrer ce hasard comme une énigme.

A, n° 123

Fermer ses oreilles à la misère des autres. – Si nous nous laissons assombrir par la misère et les souffrances des autres mortels et si nous couvrons de nuages notre propre ciel, qui donc portera les conséquences d'un tel assombrissement ? Certainement les autres mortels, et ce sera un poids à ajouter à leurs autres charges ! Nous ne pouvons être pour eux ni *secourables* ni *réconfortants*, si nous voulons être l'écho de leur misère, et aussi si nous voulons sans cesse prêter l'oreille à cette misère, – à moins que nous n'apprenions l'art des Olympiens et que nous ne cherchions dorénavant à nous *édifier* par le malheur des hommes au lieu d'en être malheureux. Mais cela est un peu trop olympien pour nous : bien que, par la jouissance de la tragédie, nous ayons déjà fait un pas en avant vers ce cannibalisme idéal des dieux.

A, n° 144

Pensée fondamentale d'une civilisation de commerçants. – On voit maintenant se former, de différents côtés, la civilisation d'une société dont le *commerce* est l'âme tout aussi bien que l'émulation personnelle était l'âme de la civilisation chez les anciens Grecs, la guerre, la victoire et le droit chez les Romains. Celui qui s'adonne au commerce s'entend à tout évaluer sans produire, à évaluer *d'après le besoin du consommateur* et non d'après son besoin personnel ; chez lui la question des questions, c'est de savoir « quelles personnes et combien de personnes consomment cela ? » Il emploie donc dès lors, instinctivement et sans cesse, ce type d'évaluation : à tout, donc aussi aux productions des arts et des sciences, des penseurs, des savants, des artistes, des hommes d'État, des peuples, des partis et même d'époques tout entières : il s'informe à propos de tout ce qui se crée, de l'offre et de la demande, afin de *fixer, pour lui-même, la valeur d'une chose*. Cela, érigé en principe de toute une civilisation, étudié depuis l'illimité jusqu'au plus subtil et imposé à toute espèce de vouloir et de savoir, sera la fierté de vous autres, hommes du prochain siècle [...].

A, n° 175

Apprendre la solitude. – Oh ! pauvres bougres, vous qui habitez les grandes villes de la politique mondiale, jeunes gens très doués, torturés par l'ambition, vous considérez que c'est votre devoir de dire votre mot sur tous les événements (– car il se passe toujours quelque chose) ! Vous croyez que, lorsque vous avez fait ainsi de la poussière et du bruit, vous êtes le char de l'histoire ! Vous épiez toujours et attendez sans cesse le moment où vous pourrez jeter votre parole au public, et vous perdez ainsi toute productivité véritable ! Quel que soit votre désir de grandes œuvres, le profond silence de la maturation ne vient pas jusqu'à vous ! L'événement du jour vous chasse devant lui comme de la paille légère, tandis que vous avez l'illusion de chasser l'événement, – pauvres bougres ! – Lorsque l'on veut être un héros sur la scène, il ne faut pas songer à jouer le chœur, on ne doit même pas savoir comment on fait *chorus*.

A, n° 177

Mendiants. – Il faut supprimer les mendiants, car on s'irrite de leur donner, et de ne pas leur donner.

A, n° 185

Hommes d'affaires. – Vos affaires – ce sont là vos plus grands préjugés, car elles vous lient à l'endroit où vous êtes, à votre société, à vos goûts. Appliqués aux affaires, – mais paresseux pour ce qui est de l'esprit, satisfaits de votre insuffisance, le tablier du devoir accroché sur cette satisfaction : c'est ainsi que vous vivez, c'est ainsi que vous voulez que soient vos enfants !

A, n° 186

Les calomniateurs de la gaieté. – Les hommes qui ont reçu de la vie une blessure profonde ont mis en suspicion toute gaieté, comme si elle était toujours enfantine et puérile, et si elle révélait une déraison dont l'aspect ne pourrait provoquer que la pitié et l'attendrissement, tel le sentiment que l'on éprouve lorsqu'un enfant tout près de la mort caresse encore ses jouets sur son lit [...].

A, n° 329

Pour s'élever au-dessus de sa pitoyable nullité. – Voilà de fiers individus qui, pour établir le sentiment de leur dignité et de leur importance, ont toujours besoin d'autres hommes qu'ils puissent rabrouer et violenter : de ceux dont l'impuissance et la lâcheté permettent que quelqu'un prenne impunément, devant eux, des attitudes sublimes et coléreuses ! – Il faut que leur entourage soit pitoyable pour qu'ils puissent s'élever un moment au-dessus de leur propre nullité ! – Il y en a qui, pour cela, ont besoin d'un chien, d'autres d'un ami, d'autres encore d'une femme ou d'un parti, et enfin, dans des cas très rares, de toute une époque.

A, n° 369

Ce que laissent deviner des idéaux fantastiques. – Notre imagination s'exalte là où se trouvent nos manques. Le principe exalté « aimez vos ennemis ! » a dû être inventé par des Juifs, les meilleurs *haïsseurs* qu'il y ait jamais eu, et la plus belle glorification de la chasteté a été écrite par ceux qui, dans leur jeunesse, ont mené l'existence la plus libertine et la plus abominable.

A, n° 377

Conseil éprouvé. – De tous les moyens de consolation aucun ne fait autant de bien à celui qui en a besoin que l'affirmation que, dans son cas, il n'y a pas de consolation. Il y trouve une telle distinction que, sans tarder, il redresse la tête.

A, n° 380

Pour l'éducation. – J'ai vu clair peu à peu sur le défaut le plus général de notre façon d'enseigner et d'éduquer. Personne n'apprend, personne n'aspire, personne n'enseigne – *à supporter la solitude*.

A, n° 443

Être rassasié de l'homme. – A : Cherche la connaissance ! Oui ! Mais toujours comme homme ! Comment ? Être toujours spectateur de la même comédie, jouer toujours un rôle dans la même comédie ? Ne jamais pouvoir contempler les choses autrement qu'avec ces mêmes yeux ? Et combien doit-il y avoir d'êtres innombrables dont les organes sont plus aptes à la connaissance ! Qu'est-ce que l'humanité aura fini par connaître au terme de toute sa connaissance ? – ses organes ! Et cela veut peut-être dire : l'impossibilité de la connaissance ! Misère et dégoût ! – B : Tu es pris d'un mauvais accès, – *la raison* t'assaille ! Mais demain tu seras de nouveau en plein dans la connaissance, et, par cela même, en plein dans la déraison, je veux dire dans la *joie* que te cause tout ce qui est humain. Allons vers la mer !

A, n° 483

Le troisième œil. – Comment ! Tu as encore besoin du théâtre ! Es-tu encore si jeune ? Deviens raisonnable et cherche la tragédie et la comédie là où on les joue mieux ! Là où tout se passe d'une façon plus intéressante et plus intéressée. Certes, il n'est pas facile d'y demeurer spectateur seulement –, mais apprends-le ! Et dans presque toutes les situations qui te paraîtront difficiles et pénibles tu trouveras une issue vers la joie et un refuge, même lorsque tu seras assailli par tes propres passions. Ouvre ton œil de théâtre, le grand troisième œil qui regarde le monde à travers les deux autres.

A, n° 509

Être dupe. – Dès que vous voulez agir, il vous faut fermer les portes du doute, – disait un homme d'action. – Et ne crains-tu pas, de cette façon, d'être *dupe* ? – rétorqua un contemplatif.

A, n° 519

Abstinence plus rare. – C'est souvent un signe d'humanité qui n'est pas sans importance que de ne pas vouloir juger quelqu'un et de se refuser à penser quelque chose de lui.

A, n° 528

[...] Le pessimisme allemand est essentiellement de la langueur hivernale sans oublier l'effet de l'air renfermé et du poison répandu par les poêles dans les habitations allemandes.

GS, n° 134

Être profond et sembler profond. – Celui qui se sait profond s'efforce d'être clair ; celui qui voudrait sembler profond à la foule s'efforce d'être obscur. Car la foule tient pour profond tout ce dont elle ne peut pas voir le fond : elle est si craintive, elle a si peur de se noyer !

GS, n° 173

Le penseur. – C'est un penseur : ce qui veut dire qu'il s'entend à prendre les choses pour plus simples qu'elles ne le sont.

GS, n° 189

Ce que nous faisons, – Ce que nous faisons n'est jamais compris, mais toujours seulement loué ou blâmé.

GS, n° 264

Qui lutte avec des monstres doit veiller à ne pas devenir un monstre lui-même. Et si tu regardes longuement l'abîme, l'abîme finit par regarder en toi.

BM, n° 146

Beaucoup parler de soi peut être aussi un moyen de se dissimuler.

BM, n° 169

Je me méfie de tous les gens à systèmes et je les évite. La volonté de système est un manque de probité.

C, p. 952

Es-tu vrai ? ou n'es-tu qu'un comédien ? Es-tu un représentant ? ou bien es-tu toi-même la chose qu'on représente ? En fin de compte tu n'es peut-être que l'imitation d'un comédien [...].

C, p. 954

De tout temps les plus sages ont porté le même jugement sur la vie : *elle ne vaut rien*... Toujours et partout on a entendu sortir de leur bouche la même parole, – une parole pleine de doute, pleine de mélancolie, pleine de fatigue de la vie, pleine de résistance contre la vie. Socrate lui-même a dit en mourant : « Vivre – c'est être longtemps malade » [...]. Même Socrate en avait assez. [...] Ces sages parmi les sages de tous les temps, il faudrait d'abord les voir de près ! Peut-être n'étaient-ils plus, tant qu'ils sont, fermes sur leurs jambes, peut-être étaient-ils en retard, chancelants, *décadents* ? La sagesse serait-elle venue sur la terre comme un corbeau, qu'une petite odeur de charogne enthousiasme ?...

C, p. 956

〰 L'ESPRIT LIBRE 〰

Nietzsche correspond en tout point à l'idéal du penseur – en fait, de tout esprit véritablement libre – selon Alain, grand moraliste du XXe siècle. Il s'agit de n'être inféodé à aucune doctrine, d'être en garde contre tout système, de ne se choisir nul « maître à penser ». De fuir, à toutes jambes, tous ceux qui ne sont que des « marchands de sommeil » ; de s'efforcer d'être, continûment, un « vigile de l'esprit ».

Ne jugez point. – On doit se garder, en considérant des époques anciennes, de s'engager dans un blâme injuste. L'injustice dans l'esclavage, la cruauté dans la sujétion de personnes et de peuples ne doivent pas se mesurer à notre aune. Car en ce temps-là l'instinct de la justice n'était pas aussi développé. Qui osera reprocher au Genevois Calvin d'avoir fait brûler le médecin Servet ? Ce fut une action logique, qui découlait de ses convictions, et de même l'Inquisition avait sa justification ; simplement les conceptions régnantes étaient fausses et eurent des conséquences qui nous paraissent cruelles parce que ces conceptions nous sont devenues étrangères [...].

H, n° 101

[...] Comme le temps manque pour penser et garder le calme dans la pensée, on n'étudie plus les opinions divergentes : on se contente de les haïr. Avec la monstrueuse accélération de la vie, l'esprit et l'œil sont accoutumés à une vision et à un jugement incomplets et faux, et chacun ressemble aux voyageurs qui font connaissance avec le pays et la population sans quitter le chemin de fer [...].

H, n° 282

L'inquiétude moderne. – À mesure qu'on va vers l'ouest, l'agitation moderne devient de plus en plus grande, si bien qu'aux yeux des Américains les habitants de l'Europe représentent un ensemble d'êtres amis du repos et du plaisir, tandis qu'en réalité ils vont croisant leur vol continuel comme des abeilles et des guêpes. Cette agitation est si grande que la culture supérieure n'a plus le temps de mûrir ses fruits : c'est comme si les saisons se succédaient trop rapidement. Par manque de repos notre civilisation court à une nouvelle barbarie. À aucune époque les gens actifs, c'est-à-dire les gens sans repos, n'ont été *plus* estimés. Il y a donc lieu de mettre au nombre des corrections nécessaires que l'on doit apporter au caractère de l'humanité, la tâche de fortifier dans une large mesure l'élément contemplatif [...] Quand ton regard aura pris assez de force pour voir le fond dans la fontaine sombre de ton être et de tes connaissances, peut-être aussi, dans ce miroir, les constellations lointaines des civilisations de l'avenir te deviendront visibles [...].

H, n° 285

Monde renversé. – On critique plus sévèrement un penseur quand il émet une proposition qui nous est désagréable ; et pourtant il serait plus raisonnable de le faire quand sa proposition nous est agréable.

H, n° 484

Illusion des idéalistes. – Tous les idéalistes s'imaginent que les causes qu'ils servent sont meilleures par essence que toutes les autres causes du monde, et ne veulent pas croire que si la leur doit un tant soit peu réussir, elle a besoin précisément du même fumier puant qui est nécessaire à toutes les autres entreprises humaines.

H, n° 490

La nécessité d'airain. – La nécessité d'airain est une chose dont les hommes s'aperçoivent, au cours de l'histoire, qu'elle n'est ni d'airain ni nécessaire.

H, n° 514

Tiré de l'expérience. – L'absurdité d'une chose n'est pas une raison contre son existence, c'en est plutôt une condition.

H, n° 515

La vérité ne tolère pas d'autres dieux. – La foi en la vérité commence avec le doute au sujet de toutes les « vérités » en quoi l'on a cru jusqu'à présent.

OS, n° 30

La presse. – Si l'on considère qu'aujourd'hui encore tous les grands événements publics se glissent secrètement et comme voilés sur la scène du monde, qu'ils sont cachés par des faits insignifiants, à côté desquels ils paraissent petits, que leurs effets profonds, leurs contrecoups ne se manifestent que longtemps après qu'ils se sont produits, – quelle importance peut-on alors accorder à la *presse*, telle qu'elle existe aujourd'hui, avec sa quotidienne dépense de poumons pour hurler, assourdir, exciter et effrayer ? – la presse est-elle autre chose qu'*une fausse alerte permanente* qui détourne les oreilles et les sens dans une fausse direction ?

OS, n° 321

Le bon champ. – Tout refus et toute négation témoignent d'un manque de fécondité : au fond, si nous étions un bon champ de labour, nous ne devrions rien laisser périr sans l'utiliser et nous verrions en toute chose, dans les événements et dans les hommes, de l'utile fumier, de la pluie et du soleil.

OS, n° 332

Devant des vitres grises. – Ce que vous voyez du monde, à travers cette fenêtre, est-il donc si beau que vous ne voulez à aucun prix regarder à travers une autre fenêtre, – et que vous essayez même d'en empêcher les autres ?

OS, n° 359

Les deux directions. – Si nous essayons de contempler le miroir en soi, nous finissons par n'y trouver que les choses qui s'y reflètent. Si nous voulons saisir ces choses, nous ne rencontrons finalement rien d'autre que le miroir. – Telle est l'histoire générale de la connaissance.

A, n° 243

L'étonnement que cause la résistance. – Parce qu'une chose a fini par nous paraître transparente, nous nous figurons que, dès lors, elle ne pourra plus nous résister – et nous nous étonnons alors de voir au travers sans pouvoir la traverser ! C'est la même folie et le même étonnement qui s'empare d'une mouche lorsqu'elle est en présence d'une vitre.

A, n° 444

En campagne. – « Il nous faut prendre les choses plus joyeusement qu'elles ne le méritent ; surtout parce que nous les avons prises au sérieux plus longtemps qu'elles ne le méritent. » – Ainsi parlent les braves soldats de la connaissance.

A, n° 567

Changer de peau. – Le serpent périt lorsqu'il ne peut pas changer de peau. De même les esprits que l'on empêche de changer d'opinions cessent d'être des esprits.

A, n° 573

Originalité. – Qu'est-ce que l'originalité ? *Voir* quelque chose qui n'a pas encore de nom, ne peut pas encore être nommé, quoique cela se trouve devant tous les yeux. Tels sont les hommes habituellement que c'est seulement le nom des choses qui les leur rend visibles. – Les hommes originaux ont été généralement aussi ceux qui donnaient des noms aux choses.

GS, n° 261

« *Le voyageur* » *parle.* – Pour considérer à distance notre moralité européenne, pour la mesurer à l'étalon d'autres moralités, plus anciennes ou futures, il faut agir comme fait le voyageur qui veut connaître la hauteur des tours d'une ville : pour cela il *quitte* la ville. Des « pensées sur les préjugés moraux », pour le cas où elles ne devraient pas être des préjugés sur les préjugés, supposent une position *en dehors* de la morale, quelque par-delà le bien et le mal vers quoi il faudrait monter, grimper, voler, – et, dans le cas donné, un par-delà *notre* bien et *notre* mal, une indépendance de toute « Europe », cette dernière entendue comme une somme de jugements évaluateurs qui nous commandent et qui sont entrés dans notre sang [...].

GS, n° 380

Toute la psychologie s'est laissé arrêter jusqu'ici par des préjugés et des appréhensions d'ordre moral ; elle n'a pas osé s'aventurer dans les profondeurs. La saisir comme une morphologie et une théorie évolutionniste de la *volonté de puissance*, ainsi que je fais, voilà qui n'a encore jamais effleuré la pensée de personne – autant qu'il est permis de reconnaître dans ce qui a été écrit jusqu'à nous un symptôme de ce qui a été tu [...] ! Mais si l'aventure vous a jeté avec votre navire dans ces parages, alors courage, serrez les dents, ouvrez l'œil, tenez ferme la barre ! Nous allons tout droit traverser les eaux de la morale et foncer au-delà ; nous écraserons, nous broierons peut-être du même coup ce qui nous restait de moralité, – mais qu'importe de *nous* ? Jamais aux yeux des voyageurs et des aventuriers téméraires ne s'est encore ouvert un monde de vues *plus profondes*, et le psychologue qui fait ce sacrifice – ce n'est pas le *sacrifizio dell'intelletto* tout au contraire ! – aura du moins le droit d'exiger en échange que la psychologie soit reconnue de nouveau comme la science souveraine dont toutes les autres sciences ne sont que les servantes et les premiers degrés. Car désormais la psychologie est de nouveau la voie qui conduit aux problèmes essentiels.

BM, n° 23

O sancta simplicitas ! Dans quel étrange monde de simplifications et de falsifications vit l'homme ! On n'en finit pas de s'étonner, une fois que l'on a chaussé les lunettes qui nous découvrent ce prodige ! Comme nous avons rendu toute chose autour de nous claire, libre, facile et simple ! Comme nous avons su laisser nos sens vagabonder dans tout ce qui est superficiel, et notre pensée, avec une divine avidité, se payer de faux raisonnements et exécuter de pétulantes cabrioles ! Avec quelle ingéniosité nous avons, dès le début, sauvegardé notre ignorance, pour jouir d'une liberté à peine concevable, d'une absence de scrupules, d'une imprudence, d'un entrain, d'une sérénité allègre de la vie, pour jouir de la vie ! Et il a d'abord fallu cette inébranlable et granitique assise d'ignorance pour que puisse s'élever la science ; la volonté de savoir s'est édifiée sur une volonté beaucoup plus forte, une volonté d'ignorance, de rester dans l'incertain, la contrevérité ! [...]

BM, n° 24

LES FEMMES ET L'AMOUR

Les moralistes sont assez souvent des observateurs mélancoliques, pessimistes et misogynes. Leur rapport aux femmes n'est pas plus facile ni plus léger que leur rapport au monde. Il ne faut pas oublier non plus que le statut de la femme à l'époque de Nietzsche est foncièrement différent de ce qu'il est aujourd'hui. Il convient donc de lire les notations qui suivent à un « second degré », comme un témoignage renseignant à la fois sur la famille des écrivains moralistes et sur la question de la place de la femme à cette époque.

La femme parfaite. – La femme parfaite est un type d'humanité plus élevé que l'homme parfait : c'est aussi quelque chose de beaucoup plus rare. – L'histoire naturelle des animaux offre un moyen de rendre cette proposition vraisemblable.

H, n° 377

Soupirs divers. – Quelques hommes ont soupiré de l'enlèvement de leur femme, la plupart de ce que personne ne voulait la leur enlever.

H, n° 388

Un élément de l'amour. – Dans toute espèce d'amour féminin transparaît aussi quelque chose de l'amour maternel.

H, n° 392

Nature de Protée. – Les femmes deviennent par amour tout à fait ce qu'elles sont dans l'idée des hommes dont elles sont aimées.

H, n° 400

Moyens de porter tout homme à tout. – On peut, par les ennuis, les inquiétudes, l'accumulation de travail et de pensées, tellement fatiguer et affaiblir un homme quelconque, qu'il cesse de s'opposer à une chose qui a un air de complication, et qu'il lui cède, – c'est ce que savent les diplomates et les femmes.

H, n° 403

Masques. – Il y a des femmes qui, quelque recherche que l'on y fasse, n'ont pas d'intérieur, mais sont purement des masques. L'homme est à plaindre qui s'abandonne à ces êtres quasi fantomatiques, nécessairement incapables de le satisfaire, mais ce sont elles justement qui sont capables d'éveiller le plus fortement le désir de l'homme : il cherche leur âme et continue toujours de la chercher.

H, n° 405

Le mariage considéré comme une longue conversation. – On doit, au moment d'entrer en ménage, se poser cette question : crois-tu bien pouvoir t'entretenir avec cette femme jusqu'à ta vieillesse ? Tout le reste du mariage est transitoire, mais la plus grande partie de la vie commune est donnée à la conversation.

H, n° 406

Les myopes sont amoureux. – Parfois il suffit déjà de lunettes plus fortes pour guérir l'amoureux ; et qui aurait assez de puissance imaginative pour se représenter un visage, une taille, avec vingt ans de plus, traverserait peut-être la vie sans grand souci.

H, n° 413

À propos de l'émancipation des femmes. – Les femmes peuvent-elles d'une façon générale être justes, étant si accoutumées à aimer, à prendre d'abord des sentiments pour ou contre ? C'est d'ailleurs pour cela qu'elles sont rarement éprises des choses, plus souvent des personnes ; mais quand elles le sont des choses, elles en font aussitôt une affaire de parti et ainsi en corrompent l'action pure et innocente [...].

H, n° 416

[...] Le mariage est une institution nécessaire de vingt à trente ans, utile, mais non nécessaire, de trente à quarante : plus tard, elle devient souvent pernicieuse et favorise la régression intellectuelle de l'homme.

H, n° 421

Vouloir être aimé. – L'exigence d'être aimé est la plus grande des prétentions.

H, n° 523

Apprendre à aimer. – Il faut apprendre à aimer, apprendre à être bon, et cela dès la jeunesse ; si l'éducation et le sort ne nous donnent pas l'occasion de nous exercer à ces sentiments, notre âme devient sèche et même impropre à l'intelligence de toutes les tendres inventions des hommes aimants. De même, la haine doit être apprise et nourrie, si l'on veut être un bon haïsseur : autrement le germe en mourra aussi peu à peu.

H, n° 601

De l'esprit des femmes. – La force intellectuelle d'une femme paraît démontrée lorsque, par amour pour un homme et son esprit, elle sacrifie son propre esprit, et lorsque, sur ce terrain nouveau, primitivement étranger à sa nature, où la pousse la forme d'esprit de l'homme, il lui naît *immédiatement un second esprit*.

OS, n° 272

Le rire révélateur. – Quand et comment une femme rit, c'est l'indice de son éducation : mais sa nature se dévoile au timbre de son rire [...].

OS, n° 276

Cruelle invention de l'amour. – Tout grand amour fait naître l'idée cruelle de détruire l'objet de cet amour pour le soustraire une fois pour toutes au jeu sacrilège du changement : car l'amour craint le changement plus que la destruction.

OS, n° 280

Dégoût de la vérité. – C'est le propre de la femme d'avoir du dégoût en face de toutes les vérités (touchant l'homme, l'amour, l'enfant, la société, le sens de la vie) – et de chercher à se venger de tous ceux qui lui ouvrent les yeux.

OS, n° 286

La source du grand amour. – D'où peuvent bien naître les passions soudaines d'un homme pour une femme, les passions profondes et intimes ? La sensualité seule en est la moindre cause ; mais, lorsque l'homme trouve, dans un être, faiblesse, besoin d'aide et tout à la fois outrecuidance, il se passe quelque chose en lui comme si son âme voulait déborder : il se sent en même temps touché et offensé. C'est de ce point sensible que jaillit la source du grand amour.

OS, n° 287

Renoncer à vouloir être belle. – Pour devenir belle une femme ne doit pas vouloir passer pour jolie : c'est-à-dire que, dans quatre-vingt-dix-neuf cas où elle pourrait plaire, elle doit dédaigner de plaire et s'en empêcher, pour recueillir une seule fois le ravissement de celui dont l'âme est assez grande pour accueillir ce grand don.

OS, n° 292

Un témoignage d'amour. – Quelqu'un disait : « Il y a deux personnes au sujet desquelles je n'ai jamais réfléchi profondément : c'est là le témoignage de mon amour pour elles. »

VO, n° 301

Pour que l'on considère l'amour comme de l'amour. – Nous avons besoin d'être francs à l'égard de nous-mêmes et de bien nous connaître pour pouvoir exercer à l'égard des autres cette simulation philanthropique que l'on appelle amour et bonté.

A, n° 335

Comment on réfléchit avant le mariage. – En admettant qu'elle m'aime, comme elle m'importunerait à la longue ! Et, en admettant qu'elle ne m'aime pas, comme il y aurait des raisons plus grandes encore pour qu'à la longue elle me devienne importune ! – Il n'y a là en présence que deux façons d'être importun – marions-nous donc !

A, n° 387

Oubli très dangereux. – On commence par désapprendre d'aimer les autres et l'on finit par ne plus rien trouver chez soi-même qui soit digne d'être aimé.

A, n° 401

Don de soi-même. – Il y a des femmes de sentiment noble, avec une certaine pauvreté de l'esprit, qui ne savent *exprimer* leur profond abandon de soi autrement qu'en offrant leur vertu et leur pudeur : c'est ce qu'elles ont de plus précieux. Et souvent on accepte ce cadeau sans que l'on s'engage aussi profondément que la donatrice ne le suppose, – c'est là une bien mélancolique histoire.

GS, n° 65

La force des faibles. – Toutes les femmes sont pleines de finesse lorsqu'il s'agit d'exagérer leur faiblesse, elles sont même pleines d'ingéniosité à inventer des faiblesses pour se donner l'apparence de fragiles ornements qu'un grain de poussière ferait souffrir. C'est ainsi qu'elles se défendent contre la vigueur et le « droit du plus fort ».

GS, n° 66

Sans succès. – Elles n'ont jamais de succès, ces pauvres femmes qui, en présence de celui qu'elles aiment, deviennent inquiètes et incertaines, et parlent trop : car c'est une certaine tendresse discrète et flegmatique qui séduit le plus sûrement les hommes.

GS, n° 74

Fausse conclusion, coup manqué. – Il ne sait pas se dominer, et cette femme en conclut qu'il sera facile de le dominer, elle jette sur lui ses filets ; – pauvre femme, en peu de temps elle sera son esclave.

GS, n° 227

Sans vanité. – Lorsque nous aimons, nous voulons que nos défauts restent cachés, – non par vanité, mais parce que l'objet aimé ne doit pas souffrir. Oui, celui qui aime voudrait apparaître comme un dieu, – et cela non plus n'est pas par vanité.

GS, n° 263

Comment chacun des deux sexes a ses préjugés sur l'amour. – Malgré toutes les concessions que je suis prêt à faire aux préjugés monogames, je n'admettrai jamais que l'on puisse parler chez l'homme et chez la femme de droits *égaux* en amour : ces droits n'existent pas. C'est que, par amour, l'homme et la femme entendent chacun quelque chose de différent, – et c'est une des conditions de l'amour chez les deux sexes que l'un ne suppose *pas* chez l'autre le même sentiment, la même notion de l'« amour ». Ce que la femme entend par amour est assez clair : complet abandon de corps et d'âme (non seulement dévouement), sans égards ni restrictions. Elle songe, au contraire, avec honte et frayeur, à un abandon où se mêleraient des clauses et des restrictions. Dans cette absence de conditions son amour est une véritable *foi*, et la femme n'a point d'autre foi. – L'homme, lorsqu'il aime une femme, exige d'elle cet amour-là, il est donc, quant à lui-même, tout ce qu'il y a de plus éloigné des hypothèses de l'amour féminin ; mais en admettant qu'il y ait aussi des hommes auxquels le besoin d'un abandon complet ne serait pas étranger, eh bien, ces hommes ne seraient pas – des hommes. Un homme qui aime comme une femme devient esclave ; une femme, au contraire, qui aime comme une femme devient une femme *plus accomplie*... La passion de la femme, dans son absolu renoncement à ses droits propres, suppose précisément qu'il *n'existe point*, de l'autre côté, un sentiment semblable, un pareil besoin de renonciation : car, si tous deux renonçaient à eux-mêmes par amour, il en résulterait – je ne sais quoi, peut-être un espace vide ? – La femme veut être prise, acceptée comme propriété, elle veut se fondre dans l'idée de « propriété », de « possession » ; aussi désire-t-elle quelqu'un qui *prend*, qui ne se donne et ne s'abandonne pas lui-même, qui, au contraire, veut et doit enrichir son « moi » par une adjonction de force, de bonheur, de foi, par quoi la femme se donne elle-même. La femme se donne, l'homme prend et s'accroît, – je pense que l'on ne passera par-dessus ce contraste naturel ni par des contrats sociaux, ni même avec la meilleure volonté de justice : si désirable qu'il puisse être de ne pas toujours avoir devant les yeux ce qu'il y a de dur, de terrible, d'énigmatique et d'immoral dans cet antagonisme. Car l'amour, l'amour complet et grand, figuré dans toute sa plénitude, c'est de la nature et, en tant que nature, quelque chose « d'immoral » en toute éternité. – La *fidélité* est dès lors comprise dans l'amour de la femme, par définition, elle en est une conséquence ; chez l'homme, l'amour *peut* parfois entraîner la fidélité, soit sous forme de reconnaissance ou comme idiosyncrasie du goût, ce qu'on a appelé « affinité élective », mais elle ne fait pas partie de la *nature* de son amour, – et cela si peu que l'on peut presque parler d'une antinomie naturelle entre l'amour et la fidélité chez l'homme : lequel amour est un désir de possession et *nullement* un renoncement et un abandon ; or le désir de possession finit chaque fois qu'il y a *possession*... De fait, c'est le désir plus subtil et plus jaloux de posséder, chez l'homme, qui s'avoue rarement et de façon tardive cette « possession », qui fait durer encore son amour ; dans ce cas, il est même possible que l'amour grandisse après l'abandon de soi – l'homme se refuse à avouer qu'une femme n'a plus rien à lui « abandonner ».

GS, n° 363

Les mêmes passions n'ont pas, chez l'homme et chez la femme, le même rythme : d'où, entre eux, des malentendus sans fin.

BM, n° 85

Le concubinage, lui aussi, a été corrompu : – par le mariage.

BM, n° 123

Les sexes se leurrent l'un à l'égard de l'autre, parce qu'au fond chacun n'a d'estime et d'amour que pour soi (ou, en termes plus courtois, pour son propre idéal). Ainsi l'homme veut-il que la femme soit paisible, – mais la femme est, comme le chat, *par nature* rien moins que paisible, si habile soit-elle à en donner l'apparence.

BM, n° 131

Dans la vengeance, comme dans l'amour, la femme est plus barbare que l'homme.

BM, n° 139

Le christianisme a fait boire du poison à Éros : il n'en est pas mort, mais il est devenu vicieux.

BM, n° 168

LE RENVERSEMENT DES VALEURS

Selon Nietzsche, l'échelle des valeurs morales que nous considérons intangibles représente le retournement complet des valeurs qui avaient cours avant le triomphe de la tradition judéo-chrétienne. Le philosophe attribue aux Juifs cette transmutation des valeurs primitives : la charité et l'amour du prochain seraient l'invention et la revanche d'un peuple qui n'avait pas pour lui la force et qui aurait été habité par le ressentiment. La question de l'antisémitisme de Nietzsche demeure jusqu'à ce jour l'objet de controverses.

Antithèses. – L'idée la plus sénile que l'on ait jamais eue au sujet de l'homme se trouve dans la célèbre thèse : « Le moi est toujours haïssable » : l'idée la plus enfantine dans cette thèse, plus célèbre encore : « Aime ton prochain comme toi-même. » – Dans le premier la connaissance des hommes a cessé, dans le second elle n'a pas encore commencé.

OS, n° 385

La vie n'est pas un argument. – Nous nous sommes construit un monde où nous puissions vivre – en admettant l'existence de corps, de lignes, de surfaces, de causes et d'effets, du mouvement et du repos, de la forme et de son contenu : sans ces articles de foi personne ne supporterait de vivre ! Mais ce n'est pas là une preuve à l'appui de ces articles. La vie n'est pas un argument ; parmi les conditions de la vie pourrait se trouver l'erreur.

GS, n° 121

L'erreur du Christ. – Le fondateur du christianisme s'imaginait que rien ne faisait souffrir davantage les hommes que leurs péchés : – c'était son erreur, l'erreur de celui qui se sentait sans péché, qui en cela manquait d'expérience ! Ainsi son âme s'emplit de cette merveilleuse, fantastique pitié qui allait à un mal dont son peuple lui-même, l'inventeur du péché, souffrait rarement comme d'un grand mal ! – Mais les chrétiens ont su donner raison à leur maître après coup, ils ont sanctifié son erreur pour en faire une « vérité ».

GS, n° 138

Entendu au paradis. – « Bien et mal sont les préjugés de Dieu », – dit le Serpent.

GS, n° 259

En quoi as-tu foi ? – En ceci : qu'il faut que le poids de toutes choses soit à nouveau déterminé.

GS, n° 269

[...] Si l'on pouvait embrasser du regard ironique et indifférent d'un dieu épicurien la comédie étrangement douloureuse et aussi grossière que raffinée du christianisme européen, je crois qu'on n'en finirait pas de s'étonner et de rire : ne semble-t-il pas qu'une seule volonté a régné sur l'Europe pendant dix-huit siècles pour faire de l'homme un *sublime avorton* ? Si, au contraire, avec des besoins opposés et non plus en épicurien, mais brandissant quelque marteau divin, on se penchait sur la dégénérescence et le rabougrissement presque systématique de l'homme que représente l'Européen chrétien (par exemple Pascal), ne faudrait-il pas s'écrier avec fureur, pitié et effroi : « Ô rustres, rustres prétentieux et compatissants ! qu'avez-vous fait ? Était-ce là un travail pour vos mains ? Ma plus belle pierre, comme vous l'avez massacrée ! Et qu'en avez-vous tiré ? » – Ce que je veux dire, c'est que le christianisme a été jusqu'ici la forme la plus funeste de la présomption. Des hommes qui n'étaient pas assez grands ni assez durs pour avoir le droit de *façonner* l'homme en artistes ; ni assez forts ni assez lucides pour accepter, avec une sublime abnégation, de *laisser agir* la loi originelle qui veut qu'il y ait des échecs et des naufrages innombrables ; des hommes pas assez nobles pour percevoir les différences vertigineuses et l'abîme insondable qu'il y a d'un homme à l'autre, – *voilà* les hommes qui, avec leur « égalité devant Dieu », ont jusqu'à nos jours disposé à leur gré des destinées de l'Europe, jusqu'à ce qu'enfin ait été sélectionnée une espèce amoindrie et presque ridicule, cet animal grégaire, bienveillant, souffreteux et médiocre : l'Européen d'aujourd'hui...

BM, n° 62

Les Juifs – ce peuple « né pour l'esclavage » comme dit Tacite et avec lui toute l'Antiquité, « peuple élu entre les peuples », comme ils le disent et le croient eux-mêmes – les Juifs ont réussi ce prodigieux renversement des valeurs qui a donné à la vie sur terre, pour quelques millénaires, un attrait nouveau et dangereux : leurs prophètes ont fondu en une seule notion celles de « riche », d'« impie », de « violent », de « sensuel », et pour la première fois ont donné au mot « monde » un sens infamant. Ce renversement de valeurs (à la suite duquel « pauvre » est devenu synonyme de « sacré » et d'« ami ») fait l'importance du peuple juif : avec lui commence *dans la morale la révolte des esclaves.*

BM, n° 195

Ce que l'Europe doit aux Juifs ? – Beaucoup de choses, bonnes et mauvaises, et surtout ceci, qui relève à la fois du meilleur et du pire : le grand style en morale, l'horreur et la majesté d'exigences infinies, de significations infinies, tout le romantisme et le sublime des énigmes morales, – donc précisément ce qu'il y a de plus attirant, de plus captieux, de plus exquis dans ces jeux de couleurs et ces incitations à vivre dont les dernières lueurs embrasent aujourd'hui le ciel de notre civilisation européenne, peut-être dans un dernier couchant. Nous autres artistes parmi les spectateurs et les philosophes, nous éprouvons à l'égard des Juifs – de la reconnaissance.

BM, n° 250

[...] Je veux dire que c'est avec les Juifs que commence *le soulèvement des esclaves dans la morale* : ce soulèvement qui traîne à sa suite une histoire longue de vingt siècles et que nous ne perdons aujourd'hui de vue que – parce qu'il a été victorieux...

G, p. 785

— Mais vous ne comprenez pas ? Vous n'avez pas d'yeux pour une chose qui a eu besoin de deux mille ans pour triompher ?... Il n'y a pas lieu de s'en étonner : tout ce qui est *long* est difficile à voir, à embrasser d'un coup d'œil. Or, *voici* ce qui s'est passé : sur le tronc de cet arbre de la vengeance et de la haine, de la haine juive – la plus profonde et la plus sublime que le monde ait jamais connue, la haine créatrice d'idéaux, la haine qui transmue les valeurs, une haine qui n'eut jamais sa pareille sur la terre – de cette haine sortit quelque chose de non moins incomparable, un *amour nouveau*, la plus profonde et la plus sublime de toutes les formes de l'amour : – et d'ailleurs sur quel autre tronc cet amour aurait-il pu s'épanouir ?... Mais que l'on ne s'imagine pas qu'il se développa sous forme de négation de cette soif de vengeance, comme antithèse de la haine judaïque ! Non, tout au contraire. L'amour est sorti de cette haine, s'épanouissant comme sa couronne, une couronne triomphante, s'élargissant sous les rayons d'un soleil de pureté, mais qui, sous le règne de la lumière et du sublime, poursuit encore et toujours, avec un élan intact, les mêmes buts que la haine : la victoire, la conquête, la séduction, tandis que les racines de la haine continuaient à plonger, toujours plus profondes et plus opiniâtres, dans tous les abîmes du mal. Ce Jésus de Nazareth, cet évangile incarné de l'amour, ce « Sauveur » qui apportait aux pauvres, aux malades, aux pécheurs, la béatitude et la victoire – n'était-il pas précisément la séduction dans sa forme la plus inquiétante et la plus irrésistible, la séduction et le détour qui ramenaient à ces valeurs *juives*, à ces innovations de l'idéal ? Israël n'a-t-il pas atteint, par la voie détournée de ce « Sauveur », de cet apparent adversaire qui semblait vouloir disperser Israël, le dernier but de sa sublime rancune ? [...]

G, p. 785

[...] Qu'est-ce que le nihilisme, si ce n'est cette lassitude-là ?... Nous sommes fatigués *de l'homme*...

G, p. 743

[...] La méfiance profonde, glaciale, que l'Allemand inspire dès qu'il arrive au pouvoir – et il l'inspire une fois de plus de nos jours – est encore un contrecoup de cette horreur ineffaçable que pendant des siècles l'Europe a éprouvée en assistant aux ravages de la blonde brute germanique (– quoiqu'il existe à peine un rapport de notions, et encore moins une consanguinité entre les anciens Germains et nous autres, les Allemands d'aujourd'hui). [...]

G, p. 791

[...] Ces formidables remparts que l'organisation sociale a élevés pour se protéger contre les vieux instincts de liberté – et il faut placer le châtiment au premier rang de ces remparts – ont réussi à faire se retourner tous les instincts de l'homme sauvage, libre et vagabond – *contre l'homme lui-même*. L'hostilité, la cruauté, le plaisir de persécuter, d'attaquer, de changer, de détruire – tout cela se dirigeant

contre le possesseur de tels instincts : *c'est* là l'origine de la
« mauvaise conscience ». L'homme qui, par suite du manque de résistances et d'ennemis extérieurs, serré dans l'étau
de la régularité des mœurs, impatiemment se déchirait, se
persécutait, se rongeait, s'épouvantait et se maltraitait lui-même, cet animal que l'on veut « domestiquer » et qui se
heurte jusqu'à se blesser aux barreaux de sa cage, cet être
que ses privations font languir dans la nostalgie du désert
et qui fatalement devait trouver en lui un champ d'aventures, un jardin de supplices, une contrée dangereuse et
incertaine, – ce fou, ce captif aux nostalgies désespérées,
devint l'inventeur de la « mauvaise conscience ». Mais alors
fut introduite la plus grande et la plus inquiétante de toutes
les maladies, dont l'humanité n'est pas encore guérie
aujourd'hui, celle *de l'homme, malade de lui-même* : conséquence d'un divorce violent avec le passé animal, d'un bond
et d'une chute tout à la fois, dans de nouvelles situations,
au milieu de nouvelles conditions d'existence, d'une déclaration de guerre contre les anciens instincts qui jusqu'ici
faisaient sa force, sa joie et son caractère redoutable.

G, p. 826

~ L'ÉCOLE DE GUERRE DE LA VIE ~

Ici encore, Nietzsche se rattache à toute une tradition dite « réaliste » de la philosophie morale. Son ton n'est pas celui de l'amertume, de l'imprécation ou de la désolation. Ce n'est pas sans une sorte d'exaltation joyeuse que le philosophe constate que la vie de l'homme est un combat contre la malignité de l'homme même.

Guerre. – Au désavantage de la guerre on peut dire : elle rend le vainqueur brute, le vaincu méchant. En faveur de la guerre : elle introduit la barbarie dans les deux conséquences susdites, et rend par là plus naturel : elle est pour la civilisation un sommeil ou un hivernage, l'homme en sort plus fort pour le bien et pour le mal.

H, n° 444

La guerre indispensable. – C'est une vaine idée d'utopistes et de belles âmes que d'attendre encore beaucoup de l'humanité, quand elle aura désappris de faire la guerre (voire de mettre tout son espoir dans ce moment-là). Pour l'instant, nous ne connaissons pas d'autre moyen qui puisse rendre aux peuples fatigués cette rude énergie du camp, cette profonde haine impersonnelle, ce sang-froid dans le meurtre uni à une bonne conscience, cette ardeur organisatrice commune dans l'anéantissement de l'ennemi, cette fière indifférence aux grandes pertes, à sa propre vie et à celle des gens qu'on aime, cet ébranlement sourd des âmes comparable aux tremblements de terre, avec autant de force et de sûreté que ne fait n'importe quelle grande guerre : les ruisseaux et les torrents qui se font jour alors, roulant il est vrai dans leur cours des pierres et des fanges de toute sorte et ruinant les prés des cultures un peu délicates, remettent ensuite en mouvement, dans des circonstances favorables, les rouages des ateliers de l'esprit, qui se reprennent à tourner avec une force nouvelle. La civilisation ne peut absolument pas se passer des passions, des vices et des cruautés. – Lorsque les Romains parvenus à l'Empire furent un peu las des guerres, ils essayèrent de retirer de nouvelles forces des chasses aux fauves, des combats de gladiateurs et des persécutions contre les chrétiens. Les Anglais d'aujourd'hui, qui semblent en somme avoir aussi renoncé à la guerre, prennent un autre moyen de recréer ces forces qui décroissent : ces périlleux voyages de découverte, ces traversées, ces ascensions, entrepris, à ce qu'on dit, pour des buts scientifiques, en réalité pour rapporter chez eux des aventures, des dangers de toute nature, un supplément de force. On inventera sous diverses formes de pareils substituts de la guerre, mais peut-être feront-ils voir de plus en plus qu'une humanité d'une culture aussi élevée, et par là même aussi fatiguée que l'est aujourd'hui l'Europe, a besoin non seulement des guerres, mais des plus terribles – partant de retours momentanés à la barbarie – pour ne pas se voir frustrée par les moyens de la civilisation de sa civilisation et de son existence mêmes.

H, n° 477

Être mal compris. – Lorsque l'on est mal compris en bloc, il est impossible de supprimer complètement un malentendu de détail. Il faut se rendre compte de cela pour ne pas user inutilement sa force à se défendre.

OS, n° 346

Comment il faut vaincre. – Il ne faut pas vouloir vaincre lorsque l'on a seulement la perspective de dépasser son adversaire d'un *cheveu*. La bonne victoire doit réjouir le vaincu, et avoir quelque chose de divin qui épargne l'*humiliation*.

VO, n° 344

Que signifie vivre ? – Vivre – cela signifie : repousser sans cesse de soi quelque chose qui veut mourir. Vivre – cela signifie : être cruel et implacable envers tout ce qui, en nous, devient faible et vieux, et pas seulement en nous. Vivre cela signifierait donc : être sans pitié pour les agonisants, les misérables, les vieillards ? Être sans cesse assassin ? – Et pourtant le vieux Moïse a dit : « Tu ne tueras point ! »

GS, n° 26

Cruauté sacrée. – Un homme qui tenait dans ses mains un enfant nouveau-né s'approcha d'un saint. « Que dois-je faire de l'enfant ? demanda-t-il, il est misérable, malvenu et n'a pas assez de vie pour mourir. » – « Tue-le ! s'écria le saint d'une voix terrible, tue-le et garde-le pendant trois jours et trois nuits entre tes bras, afin de te créer une mémoire : – de la sorte jamais plus tu n'engendreras d'enfant, quand pour toi le moment d'engendrer ne sera pas venu. » – Lorsque l'homme eut entendu cela, il s'en alla désappointé ; et il y en eut beaucoup qui blâmèrent le saint parce qu'il avait conseillé une cruauté, car il avait conseillé de tuer l'enfant. « Mais n'est-il pas plus cruel de le laisser vivre ? » répondit le saint.

GS, n° 73

But du châtiment. – Le châtiment a pour but de rendre meilleur *celui qui châtie*, – c'est là le dernier recours pour les défenseurs du châtiment.

GS, n° 219

Les hommes qui préparent. – Je salue tous les indices de la venue d'une époque plus virile et plus guerrière qui mettra de nouveau en honneur la bravoure avant tout ! Car cette époque doit tracer le chemin d'une époque plus haute encore et rassembler la force dont celle-ci aura besoin un jour – pour introduire l'héroïsme dans la connaissance et *faire la guerre* pour l'amour de la pensée et de ses conséquences. Pour cela il faut maintenant des hommes vaillants qui préparent le terrain, des hommes qui ne pourront certes pas sortir du néant – et tout aussi peu du sable et de la glaire de la civilisation d'aujourd'hui et de l'éducation des grandes villes ; des hommes qui, silencieux, solitaires et décidés, s'entendent à se contenter de l'activité invisible qu'ils poursuivent : des hommes qui, avec une propension à la vie intérieure, cherchent, pour toutes choses, ce qu'il y a *à surmonter* en elles : des hommes qui ont en propre la sérénité, la patience, la simplicité et le mépris des grandes vanités tout aussi bien que la générosité dans la victoire et l'indulgence à l'égard des petites vanités de tous les vaincus ; des hommes qui ont un jugement précis et libre sur toutes les victoires et sur la part du hasard qu'il y a dans toute victoire et dans toute gloire : des hommes qui ont leurs propres fêtes, leurs propres jours de travail et de deuil, habitués à commander avec la sûreté du commandement, également prêts à obéir, lorsque cela est nécessaire, également fiers dans l'un et l'autre cas, comme s'ils suivaient leur propre cause, des hommes plus exposés, plus terribles, plus heureux ! Car croyez-m'en ! – le secret pour moissonner l'existence la plus féconde et la plus grande jouissance de la vie, c'est de *vivre dangereusement* ! Construisez vos villes au pied du Vésuve ! Envoyez vos vaisseaux dans les mers inexplorées ! Vivez en guerres avec vos semblables et avec vous-mêmes ! Soyez brigands et conquérants, tant que vous ne pouvez pas être dominateurs et possesseurs, vous qui cherchez la connaissance ! Bientôt le temps passera où vous vous satisferez de vivre cachés dans les forêts comme des cerfs effarouchés ! Enfin la connaissance finira par étendre la main vers ce qui lui appartient de droit : – elle voudra *dominer* et *posséder*, et vous le voudrez avec elle !

GS, n° 283

[...] Mais lorsque l'on est naturaliste, on devrait sortir de son recoin humain, car dans la nature *règne*, non la détresse, mais l'abondance, et même le gaspillage jusqu'à la folie. La lutte pour la vie n'est qu'une *exception*, une restriction momentanée de la volonté de vivre ; la grande et la petite lutte tournent partout autour de la prépondérance, de la croissance, du développement et de la puissance, conformément à la volonté de puissance qui est précisément volonté de vie.

GS, n° 349

[...] Que les agneaux aient l'horreur des grands oiseaux de proie, voilà qui n'étonnera personne : mais ce n'est point une raison d'en vouloir aux grands oiseaux de proie de ce qu'ils ravissent les petits agneaux. Et si les agneaux se disent entre eux : « Ces oiseaux de proie sont méchants ; et celui qui est un oiseau de proie aussi peu que possible, voire même tout le contraire, un agneau – celui-là ne serait-il pas bon ? » – Il n'y aura rien à objecter à cette façon d'ériger un idéal, si ce n'est que les oiseaux de proie lui répondront par un coup d'œil quelque peu moqueur et se diront peut-être : « *Nous* ne leur en voulons pas du tout, à ces bons agneaux, nous les aimons même : rien n'est plus savoureux qu'un tendre agneau. » – Exiger de la force qu'elle ne se manifeste *pas* comme force, qu'elle ne soit pas une volonté de terrasser, d'assujettir et de dominer, une soif d'ennemis, de résistances et de triomphes, c'est tout aussi insensé que d'exiger de la faiblesse qu'elle se manifeste comme force [...]

G, p. 703

Faisons-nous *tort* à la vertu, nous autres immoralistes ? – Tout aussi peu que les anarchistes aux princes. Ce n'est que depuis qu'on leur tire de nouveau dessus qu'ils sont solidement assis sur leurs trônes. Moralité : *il faut tirer sur la morale*.

C, p. 954

MORALE. BIEN ET MAL. MAÎTRES ET ESCLAVES

Dieu est mort. Le moi est dominé par la volonté de puissance. Il est une race des seigneurs, celle qui maintient les valeurs authentiques, propres à l'humanité primitive. Le Bien et le Mal, tels que les conçoit la civilisation occidentale – en plein déclin – sont des chimères qui mettent en péril la suprématie de l'Europe. Toute la prétendue « morale » résulte en fait de la révolte des « esclaves », du troupeau contre les maîtres.

Démolition des églises. – Il n'y a pas seulement assez de religion dans le monde pour anéantir les religions.

H, n° 123

Immoralistes. – Il faut maintenant que les moralistes consentent à se laisser traiter d'immoralistes parce qu'ils dissèquent la morale. Cependant celui qui veut disséquer est forcé de tuer : mais seulement pour que l'on puisse mieux connaître et juger, et aussi vivre mieux ; non point pour que le monde entier se mette à disséquer. Malheureusement les hommes s'imaginent encore que le moraliste doit être, par tous les actes de sa vie, un modèle que ses semblables doivent imiter : ils le confondent avec le prédicateur de la morale. Les moralistes d'autrefois ne disséquaient pas assez et prêchaient trop souvent : de là viennent cette confusion et cette conséquence désagréable pour les moralistes d'aujourd'hui.

OS, n° 19

Socrate. – Si tout va bien, le temps viendra où, pour progresser dans la voie de la morale et de la raison, plutôt que la Bible, on prendra entre les mains les *Mémorables* de Socrate et où l'on considérera Montaigne et Horace comme des initiateurs et des guides pour l'intelligence de ce sage médiateur, le plus simple et le plus impérissable de tous, Socrate. En lui convergent les voies des modes de vie philosophiques les plus divers, qui sont en somme les modes de vie des divers tempéraments, fixés par la raison et l'habitude, tous ayant le sommet tourné vers la joie de vivre et la joie que l'on prend à son propre moi ; d'où l'on pourrait conclure que ce que Socrate a eu de plus particulier ce fut sa participation à tous les tempéraments. – Socrate est supérieur au fondateur du christianisme par sa joyeuse façon d'être sérieux et par cette *sagesse pleine d'espièglerie* qui est le plus bel état d'âme de l'homme. De plus, il l'emporte sur lui par l'intelligence.

VO, n° 86

Morale pour ceux qui bâtissent. – Il faut enlever les échafaudages lorsque la maison est construite.

VO, n° 335

« *Connais-toi toi-même* », *c'est là toute la science*. – Ce n'est que lorsque l'homme sera parvenu au terme de la connaissance de toutes choses qu'il pourra se connaître lui-même. Car les choses ne sont que les frontières de l'homme.

A, n° 48

Les interprètes chrétiens du corps. – Tout ce qui peut provenir de l'estomac, des intestins, des battements du cœur, des nerfs, de la bile, de la semence – toutes ces indispositions, ces affaiblissements, ces irritations, tous les hasards de la machine, qui nous est si peu connue – tout cela, un chrétien comme Pascal le considère comme un phénomène moral et religieux, et il se demande si c'est Dieu ou le diable, le bien ou le mal, le salut ou la damnation qui en sont cause. Hélas ! quel interprète malheureux ! Comme il lui faut tourner, retourner et torturer son système ! Comme il lui faut se tourner, se retourner et se tourner lui-même pour garder raison !

A, n° 86

On devient moral – non parce que l'on est moral ! – La soumission à la morale peut être due à la servilité ou à la vanité, à l'égoïsme ou à la résignation, au fanatisme ou à l'irréflexion. Elle peut être un acte de désespoir comme la soumission à un souverain : en soi elle n'a rien de moral.

A, n° 97

Digne de réflexion. – Accepter une croyance simplement parce qu'elle est dans les mœurs, – ne serait-ce pas là être de mauvaise foi, être lâche, être paresseux ! – La mauvaise foi, la lâcheté, la paresse seraient-elles donc les bases de la moralité ?

A, n° 101

« *Humanité* ». – Nous ne considérons pas les animaux comme des êtres moraux. Mais pensez-vous donc que les animaux nous tiennent pour des êtres moraux ? – Un animal qui savait parler a dit : « L'humanité est un préjugé dont nous autres animaux, au moins, nous ne souffrons pas. »

A, n° 333

Luttes nouvelles. – Après la mort de Bouddha l'on montra encore pendant des siècles son ombre dans une caverne, – une ombre énorme et épouvantable. Dieu est mort : mais, à la façon dont sont faits les hommes, il y aura peut-être encore pendant des milliers d'années des cavernes où l'on montrera son ombre. – Et nous – il nous faut encore vaincre son ombre !

GS, n° 108

Bienveillance. – Cela est-il vertueux qu'une cellule se transforme jusqu'à remplacer ses fonctions par celles d'une cellule plus forte ? Il faut qu'elle le fasse. Et est-ce mal quand la cellule plus forte s'assimile la cellule plus faible ? Il faut également qu'elle le fasse ; cela lui est donc nécessaire, car elle aspire à un dédommagement abondant et elle veut se régénérer.

GS, n° 118

L'insensé. – N'avez-vous pas entendu parler de cet insensé qui, en plein jour, allumait une lanterne et se mettait à courir sur la place publique en criant sans cesse : « Je cherche Dieu ! Je cherche Dieu ! » – Comme il se trouvait là beaucoup de ceux qui ne croient pas en Dieu son cri provoqua une grande hilarité. A-t-il donc été perdu ? disait l'un. S'est-il égaré comme un enfant ? demandait l'autre. Ou bien s'est-il caché ? A-t-il peur de nous ? S'est-il embarqué ? A-t-il émigré ? – ainsi criaient et riaient-ils pêle-mêle. Le fou sauta au milieu d'eux et les transperça de son regard. « Où est allé Dieu ? s'écria-t-il, je veux vous le dire ! *Nous l'avons tué*, – vous et moi ! Nous tous, nous sommes ses assassins ! Mais comment avons-nous fait cela ? Comment avons-nous pu vider la mer ? Qui nous a donné l'éponge pour effacer l'horizon ? Qu'avons-nous fait lorsque nous avons détaché cette terre de la chaîne de son soleil ? Où la conduisent maintenant ses mouvements ? Où la conduisent nos mouvements ? Loin de tous les soleils ? Ne tombons-nous pas sans cesse ? En avant, en arrière, de côté, de tous les côtés ? Y a-t-il encore un en-haut et un en-bas ? N'errons-nous pas comme à travers un néant infini ? Le vide ne nous poursuit-il pas de son haleine ? Ne fait-il pas plus froid ? Ne voyez-vous pas sans cesse venir la nuit, plus de nuit ? Ne faut-il pas allumer les lanternes avant midi ? N'entendons-nous rien encore du bruit des fossoyeurs qui enterrent Dieu ? Ne sentons-nous rien encore de la décomposition divine ? – les dieux, eux aussi, se décomposent ! Dieu est mort ! Dieu reste mort ! Et c'est nous qui l'avons tué ! Comment nous consolerons-nous, nous, les meurtriers des meurtriers ? Ce que le monde a possédé jusqu'à présent de plus sacré et de plus puissant a perdu son sang sous nos couteaux – qui effacera de nous ce sang ? Avec quelle eau pourrons-nous nous purifier ? Quelles expiations, quels jeux sacrés serons-nous forcés d'inventer ? La grandeur de cet acte n'est-elle pas trop grande pour nous ? Ne sommes-nous pas forcés de devenir nous-mêmes des dieux pour du moins paraître dignes des dieux ? Il n'y eut jamais action plus grandiose, et ceux qui pourront naître après nous appartiendront, à cause de cette action, à une histoire plus haute que ne fut jamais toute histoire. » – Ici l'insensé se tut et regarda de nouveau ses auditeurs : eux aussi se turent et le dévisagèrent avec étonnement. Enfin il jeta à terre sa lanterne, en sorte qu'elle se brisa en morceaux et s'éteignit. « Je viens trop tôt, dit-il alors, mon temps n'est pas encore accompli. Cet événement énorme est encore en route, il marche – et n'est pas encore parvenu jusqu'à l'oreille des hommes. Il faut du temps à l'éclair et au tonnerre, il faut du temps à la lumière des astres, il faut du temps aux actions, même lorsqu'elles sont accomplies, pour être vues et entendues. Cet acte-là est encore plus loin d'eux que l'astre le plus éloigné, – *et pourtant ce sont eux qui l'ont accompli !* » – On raconte encore que ce fou aurait pénétré le même jour dans différentes églises et y aurait entonné son *Requiem aeternam deo [Repos éternel à Dieu]*. Expulsé et interrogé il n'aurait cessé de répondre la même chose : « À quoi servent donc ces églises, si elles ne sont pas les tombes et les tombeaux de Dieu ? »

GS, n° 125

Aux prédicateurs de la morale. – Je ne veux pas faire de morale, mais à ceux qui en font je donne ce conseil : si vous voulez absolument faire perdre aux meilleures choses et aux meilleures conditions tout leur honneur et toute leur valeur, continuez, comme vous avez fait jusqu'à présent, à les avoir sans cesse à la bouche ! Placez-les en tête de votre morale et parlez du matin au soir du bonheur de la vertu, du repos de l'âme, de la justice immanente et de l'équité : si vous en agissez ainsi, tout cela finira par avoir pour soi la popularité et le vacarme de la rue : mais alors, à force de manier toutes ces bonnes choses, l'or en sera usé, et plus encore : tout ce qu'elles *contiennent* d'or se sera transformé en plomb. Vraiment vous vous entendez à appliquer l'art contraire à celui des alchimistes, pour démonétiser ce qu'il y a de plus précieux ! Servez-vous une fois, à titre d'essai, d'une autre recette pour ne pas réaliser l'opposé de ce que vous vouliez atteindre : *niez* ces bonnes choses, retirez-leur l'approbation de la foule et le cours facile, faites-en de nouveau les pudeurs cachées des âmes solitaires, dites : *la morale est quelque chose d'interdit !* Peut-être gagnerez-vous ainsi pour ces choses l'espèce d'hommes qui seule importe, je veux dire l'espèce *héroïque*. Mais alors il faudra qu'elles aient en elles de quoi éveiller la crainte, et non pas, comme jusqu'à présent, de quoi produire le dégoût ! N'aurait-on pas envie de dire aujourd'hui, par rapport à la morale, comme Maître Eckhart : « Je prie Dieu qu'il me fasse quitte de Dieu ! »

GS, n° 292

En quel sens il est bien difficile de se passer de morale. – L'homme nu est généralement un honteux spectacle – je veux parler de nous autres Européens (et pas du tout des Européennes !). Supposons que les plus joyeux convives, par le tour de malice d'un magicien, se voient soudain dévoilés et déshabillés, je crois que du coup, non seulement leur bonne humeur disparaîtrait, mais encore l'appétit le plus féroce en serait découragé, – il paraît que nous autres

Européens nous ne pouvons absolument pas nous passer de cette mascarade qui s'appelle habillement. Mais n'y aurait-il pas les mêmes bonnes raisons à préconiser le déguisement des « hommes moraux », à demander à ce qu'ils fussent enveloppés de formules morales et de notions de convenance, à ce que nos actes fussent bénévolement cachés sous les idées du devoir, de la vertu, de l'esprit civique, de l'honorabilité, du désintéressement ? Ce n'est pas que je crois qu'il faille peut-être masquer ainsi la méchanceté et l'infamie humaine, bref la dangereuse bête sauvage qui est en nous ; au contraire ! c'est précisément en tant que *bêtes domestiques* que nous sommes un spectacle honteux et que nous avons besoin d'un travestissement moral, – l'« homme intérieur » en Europe n'est pas assez inquiétant pour pouvoir se « faire voir » avec sa férocité (pour qu'elle le rende *beau*). L'Européen se travestit *avec la morale* parce qu'il est devenu un animal malade, infirme, estropié, qui a de bonnes raisons pour être « apprivoisé », puisqu'il est presque un avorton, quelque chose d'imparfait, de faible et de gauche... Ce n'est pas la férocité de la bête de proie qui éprouve le besoin d'un travestissement moral, mais la bête de troupeau, avec sa médiocrité profonde, la peur et l'ennui qu'elle se cause à elle-même. *La morale attife l'Européen* – avouons-le ! – pour lui donner de la distinction, de l'importance, de l'apparence, pour le rendre « divin ».

GS, n° 352

Avoir honte de son immoralité : ce n'est qu'un premier degré ; au dernier on aura honte aussi de sa moralité.

BM, n° 95

On n'est jamais si bien puni que pour ses vertus.

BM, n° 132

[...] Ce que les philosophes appelaient « fonder la morale » et ce qu'ils exigeaient d'eux-mêmes, n'était, à bien voir les choses, qu'une forme savante de la *croyance* naïve à la morale régnante, un nouveau moyen de l'exprimer, donc un état de fait intérieur à une moralité déterminée, et même, au fond, une façon de nier que cette morale pût être envisagée comme un problème ; en tout cas il y avait là le contraire d'un examen, d'une analyse, d'une mise en doute, d'une vivisection de cette croyance [...] dans un monde qui est essentiellement volonté de puissance.

BM, n° 186

[...] Les morales ne sont, elles aussi, qu'un *langage figuré des passions*.

BM, n° 187

[...] *La morale est dans l'Europe d'aujourd'hui une morale de troupeau* : donc, selon notre façon de voir, rien qu'*une* espèce de morale humaine, à côté de laquelle, devant et après laquelle bien d'autres morales, et surtout des morales *supérieures*, sont possibles ou *devraient l'être* [...].

BM, n° 202

L'homme est matière, fragment, superflu, argile, boue, sottise, chaos, mais il est aussi créateur, sculpteur, marteau impitoyable, et divinité qui au septième jour contemple son œuvre – comprenez-vous ce contraste ?

BM, n° 225

En parcourant les nombreuses morales, plus ou moins raffinées ou grossières, qui ont jusqu'ici régné sur terre ou y règnent encore, j'y ai trouvé certains traits qui reviennent régulièrement ensemble et liés les uns aux autres, tant qu'enfin deux types fondamentaux me sont apparus, d'où résultait une différence criante et foncière : il y a une *morale des maîtres* et une *morale des esclaves* ; – je m'empresse d'ajouter que, dans toutes les civilisations supérieures et mêlées, on voit apparaître aussi des essais de conciliation de ces deux morales, plus souvent encore leur panachage et leur incompréhension réciproque, et quelquefois même leur coexistence et leur âpre contraste, – jusqu'à l'intérieur du même homme et d'une même âme. [...]

BM, n° 260

— La révolte des esclaves dans la morale commence lorsque le *ressentiment* lui-même devient créateur et enfante des valeurs : le ressentiment de ces êtres, à qui la vraie réaction, celle de l'action, est interdite et qui ne trouvent de compensation que dans une vengeance imaginaire. Tandis que toute morale aristocratique naît d'une triomphale affirmation d'elle-même, la morale des esclaves oppose dès l'abord un « non » à ce qui se situe « en dehors », à ce qui est « différent » d'elle, à ce qui est son « autre-que-soi » : et *ce* non est son acte créateur. Ce renversement du coup d'œil évaluateur [...] appartient en propre au ressentiment. [...]

G, p. 787

[...] De l'air ! De l'air ! Cette officine où *l'on fabrique les idéaux*, il me semble qu'elle pue le mensonge à plein nez [...].

G, p. 796

[...] J'ai employé le mot « État » : il est aisé de concevoir ce que j'entends par là – une horde quelconque de blondes bêtes de proie, une race de conquérants et de seigneurs qui, avec son organisation guerrière doublée de la force d'organisation, laisse, sans scrupule, tomber ses formidables griffes sur une population peut-être infiniment supérieure en nombre, mais encore informe et errante. Telle est bien l'origine de l'« État » sur la terre : je pense qu'on a fait justice de cette rêverie qui faisait remonter cette origine à un « contrat ». Celui qui sait commander, celui dont la nature a fait un « seigneur », celui qui se montre puissant dans son œuvre et dans son geste – qu'importent à celui-là les traités ! Avec de tels êtres on ne peut pas compter, ils arrivent comme la destinée, sans cause, sans raison, sans égard, sans prétexte, ils sont là avec la rapidité de l'éclair, trop terribles, trop soudains, trop convaincants, trop « autres » pour être même un objet de haine. Leur œuvre consiste à créer instinctivement des formes, à frapper des empreintes, ils sont les artistes les plus involontaires et les plus inconscients qui soient : – là où ils apparaissent, en peu de temps il y a quelque chose de neuf, une formation de pouvoir qui est *vivante*, où chaque partie et chaque fonction est délimitée et déterminée, où rien ne trouve place qui n'ait d'abord son « sens » par rapport à l'ensemble. Ils ne savent pas, ces organisateurs de naissance, ce que c'est que la faute, la responsabilité, le scrupule ; en eux règne cet effrayant égoïsme de l'artiste au regard d'airain, et qui se sait justifié d'avance dans son « œuvre », en toute éternité, comme la mère dans son enfant [...].

G, p. 827

[...] Ô triste et folle bête humaine ! À quelles imaginations bizarres et contre nature, à quel paroxysme de démence, à quelle *bestialité de l'idée* se laisse-t-elle entraîner dès qu'elle est empêchée quelque peu d'être *bête de l'action* !... Tout cela est intéressant à l'extrême, mais aussi d'une tristesse noire, lugubre et déprimante, et c'est pourquoi il faut s'interdire avec violence de plonger trop longtemps les yeux dans ces abîmes. Il n'est pas douteux que nous ne nous trouvions en présence d'une *maladie*, la plus terrible qui ait jamais sévi parmi les hommes : – et celui qui est encore capable d'entendre (mais de nos jours on n'a plus d'oreilles pour entendre cela –), d'entendre retentir dans cette nuit de torture et d'absurdité, le cri d'*amour*, le cri de l'extase et du désir, le cri de la rédemption par l'*amour*, celui-là se retournera saisi d'une invincible horreur... En l'homme il y a tant de choses effroyables ! – Trop longtemps déjà la terre a été un asile d'aliénés !...

G, p. 833

Voici, tout à fait provisoirement, un premier exemple. De tout temps on a voulu « améliorer » les hommes : c'est cela, avant tout, qui s'est appelé morale. Mais sous ce même mot de « morale » se cachent les tendances les plus différentes. La *domestication* de la bête humaine, tout aussi bien que l'*élevage* d'une espèce d'hommes déterminée ont été appelés « amélioration » : ces termes zoologiques expriment seuls des réalités, – mais ce sont là des réalités dont l'« améliorateur » type, le prêtre, ne sait rien en effet, – dont il ne *veut* rien savoir... Appeler « amélioration » la domestication d'un animal, c'est là, pour notre oreille, presque une plaisanterie. Qui sait ce qui arrive dans les ménageries, doute que la bête y soit « améliorée ». On l'affaiblit, on la rend moins dangereuse, par le sentiment dépressif de la crainte, par la douleur, par les blessures, par la faim, on en fait la bête *malade*. – Il n'en est pas autrement de l'homme apprivoisé que le prêtre a rendu « meilleur ». Dans les premiers temps du Moyen Âge, où l'Église était avant tout une ménagerie, on faisait partout la chasse aux beaux exemplaires de la « bête blonde », – on « améliorait » par exemple les nobles Germains. Mais quel était après cela l'aspect d'un de ces Germains rendu « meilleur » et attiré dans un couvent ? Il avait l'air d'une caricature de l'homme, d'un avorton : on en avait fait un « pécheur », il était en cage, on l'avait enfermé au milieu des idées les plus épouvantables... Couché là, malade, misérable, il s'en voulait maintenant à lui-même ; il était plein de haine contre les instincts de vie, plein de méfiance envers tout ce qui était encore fort et heureux. En un mot, il était « chrétien »... Pour parler physiologiquement : dans la lutte avec la bête, rendre malade est *peut-être* le seul moyen d'affaiblir. C'est ce que l'Église a compris : elle a *perverti* l'homme, elle l'a affaibli, – mais elle a revendiqué l'avantage de l'avoir rendu « meilleur »...

C, p. 981-982

[...] Nous les modernes, avec notre humanitarisme épaississement ouaté qui craindrait même de se heurter à une pierre, nous offririons aux contemporains de César Borgia une comédie qui les ferait mourir de rire. En effet, avec nos « vertus » modernes, nous sommes involontairement ridicules au-delà de toute mesure... La diminution des instincts hostiles et qui tiennent la défiance en éveil – et ce serait là notre « progrès » – ne représente qu'une des conséquences de la diminution générale de la *vitalité* : cela coûte cent fois plus de peine, plus de précautions de mener à bien une existence si dépendante et si tardive. Alors on se secourt réciproquement, alors chacun est, plus ou moins, malade et garde-malade. Cela s'appelle « vertu » – : parmi les hommes qui connurent une vie différente, une vie plus abondante, plus prodigue, plus débordante, on l'aurait appelé autrement, « lâcheté » peut-être, « bassesse », « morale de vieille femme »... L'adoucissement de nos mœurs – c'est là mon idée, c'est là si l'on veut mon *innovation* – est une conséquence de notre déchéance ; la dureté et l'atrocité des mœurs peuvent être, au contraire, la suite d'une surabondance de vie. Car alors on peut risquer beaucoup, affronter beaucoup, et aussi *gaspiller* beaucoup. Ce qui autrefois était le sel de la vie serait pour nous un *poison*... Pour être indifférents – car cela aussi est une forme de la force – nous sommes également trop vieux et venus trop tard : notre morale de compassion contre laquelle j'ai été le premier à mettre en garde, cet état d'esprit que l'on pourrait appeler de l'*impressionnisme moral*, est plutôt une expression de la surexcitabilité physiologique propre à tout ce qui est *décadent*. Ce mouvement qui, avec la *morale de pitié* schopenhauerienne, a tenté de se présenter avec un caractère scientifique – tentative très malheureuse ! – est le mouvement propre de la *décadence* en morale et comme tel il est très parent de la morale chrétienne. Les époques vigoureuses, les civilisations *nobles* virent dans la pitié, dans l'« amour du prochain », dans le manque d'égoïsme et de fierté quelque chose de méprisable. – Il faut mesurer les temps d'après leurs *forces positives* – et, ce faisant, cette époque de la Renaissance, si prodigue et si riche en fatalité, apparaît comme la dernière *grande* époque, et nous, les hommes modernes, avec notre anxieuse prévoyance personnelle et notre amour du prochain, avec nos vertus de travail, de simplicité, d'équité et d'exactitude scientifique – notre esprit collectionneur, économique et machinal, – nous vivons dans une époque de *faiblesse*. Nos vertus sont conditionnées et *mises au défi* par notre faiblesse... L'« égalité », une certaine assimilation effective qui ne fait que s'exprimer dans la théorie des « droits égaux », relève essentiellement de cette décadence : l'abîme entre homme et homme, entre une classe et une autre, la multiplicité des types, la volonté d'être soi, de se distinguer, ce que j'appelle le *pathos de la distance* est le propre de toutes les époques *fortes*. L'écart, la tension entre les extrêmes sont chaque jour plus petits, – les extrêmes s'effacent même jusqu'à l'analogie... Toutes nos théories politiques, *et* les constitutions de nos États, sans en excepter « l'Empire allemand », sont des conséquences, des nécessités logiques de la décadence ; l'action inconsciente de la *décadence* s'est mise à dominer jusque dans les idéaux de certaines sciences particulières. Contre toute la sociologie de l'Angleterre et de la France je fais la même objection, elle ne connaît par expérience que les *produits de déclin* de la société, et elle prend, tout à fait innocemment d'ailleurs, ses propres instincts de déclin comme *norme* des jugements sociologiques. La vie *déclinante*, la diminution de toutes les forces organisantes, c'est-à-dire de toutes les forces qui séparent, qui creusent des abîmes, qui subordonnent et surordonnent, voilà ce qui se formule aujourd'hui comme *idéal* en sociologie [...].

C, p. 1011-1012

LITTÉRATURE ET MUSIQUE

Elles pourraient bien représenter la véritable religion de Nietzsche. Ici encore, ses opinions sont bien souvent tranchantes, sans appel. Le philosophe se prononce toujours avec une sorte de fulgurance qui n'exclut en rien des intuitions et un jugement d'une exceptionnelle finesse. Son œuvre est pleinement représentative de notre « modernité ».

Deux sortes de méconnaissance. – Le malheur des écrivains pénétrants et clairs est qu'on les prend pour superficiels et que, par conséquent, on ne se donne pour eux aucune peine : et la chance des écrivains obscurs est que le lecteur s'exténue sur eux et met à leur compte le plaisir que lui cause sa diligence.

H, n° 181

Le meilleur auteur. – Le meilleur auteur sera celui qui a honte d'être un homme de lettres.

H, n° 192

Loi draconienne contre les écrivains. – On devrait considérer un écrivain comme un malfaiteur qui ne mérite que dans les cas les plus rares son acquittement ou sa grâce : ce serait un remède contre la prolifération des livres.

H, n° 193

Considérer l'état d'écrivain comme une profession devrait, en bonne justice, passer pour un genre de démence.

H, n° 194

Fécondité tranquille. – Les aristocrates-nés de l'esprit ne sont pas trop pressés ; leurs créations paraissent et tombent de l'arbre par un tranquille soir d'automne, sans qu'ils soient hâtivement désirés, sollicités, pressés par la nouveauté. Le désir incessant de créer est vulgaire et témoigne de jalousie, d'envie, d'ambition.

H, n° 210

L'au-delà dans l'art. – Ce n'est pas sans un profond chagrin qu'on s'avoue que les artistes de tous les temps, dans leurs aspirations les plus hautes, ont rapporté précisément ces représentations à une transfiguration céleste, que nous connaissons aujourd'hui pour fausse : ils sont les glorificateurs des erreurs religieuses et philosophiques de l'humanité, et ils n'auraient pu l'être sans la foi en leur vérité absolue. Or, si la foi en une telle vérité diminue, les couleurs de l'arc-en-ciel pâlissent autour des fins extrêmes de la connaissance et de l'illusion humaine : ainsi cette espèce d'art ne peut plus refleurir, qui, comme la *divina commedia*, les tableaux de Raphaël, les fresques de Michel-Ange, les cathédrales gothiques, suppose non seulement une signification cosmique, mais encore une signification métaphysique des objets de l'art. Il se fera une émouvante légende de ce qu'il ait pu exister un tel art, une telle foi d'artistes.

H, n° 220

[...] L'artiste passera bientôt pour un magnifique legs du passé, et comme à un merveilleux étranger dont la force et la beauté faisaient le bonheur des temps anciens, des honneurs lui seront rendus, tels que nous ne les accordons pas aisément à nos semblables. Ce qu'il y a de meilleur en nous vient peut-être de ce sentiment d'époques antérieures, que nous pouvons maintenant à peine atteindre directement : le soleil s'est déjà couché, mais il éclaire et enflamme encore le ciel de notre vie, quoique déjà nous ne le voyions plus.

H, n° 223

[...] La lecture des classiques – comme l'accordera tout esprit cultivé – est, telle qu'elle est pratiquée partout, un procédé monstrueux : elle se fait devant des jeunes gens qui, à aucun égard, ne sont mûrs pour elle, par des maîtres dont chaque parole, dont souvent l'aspect seul met une couche de poussière sur un bon auteur. Mais voici où réside l'utilité que d'ordinaire on méconnaît – c'est que ces maîtres parlent *la langue abstraite de la haute culture,* lourde et difficile à comprendre, mais qui est une gymnastique supérieure du cerveau ; c'est que dans leur langage apparaissent continuellement des idées, des expressions, des méthodes, des allusions que les jeunes gens n'entendent presque jamais dans la conversation de leurs parents et dans la rue. Quand les écoliers ne feraient qu'*entendre*, leur intelligence subit bon gré mal gré une formation préalable à une manière scientifique de concevoir. Il n'est pas possible que de cette discipline on sorte ayant complètement échappé au contact de l'abstraction, en pur enfant de la nature.

H, n° 266

Une illusion dans la théorie de la révolution. – Il est des rêveurs politiques et sociaux qui dépensent du feu et de l'éloquence à réclamer un bouleversement de tous les ordres, dans la croyance qu'aussitôt le plus superbe temple d'une belle humanité s'élèverait, pour ainsi dire, de lui-même. Dans ces rêves dangereux persiste un écho de la superstition de Rousseau, qui croit à la bonté de l'humaine nature, une bonté merveilleuse, originelle, mais pour ainsi dire *ensevelie*, et qui met au compte des institutions de la civilisation, dans la société, l'État, l'éducation, toute la responsabilité de cet ensevelissement. Malheureusement on sait par des expériences historiques que tout bouleversement de ce genre ressuscite à nouveau les énergies les plus sauvages, les horreurs et les excès des âges reculés : que par conséquent un bouleversement peut bien être une source de force dans une humanité exténuée, mais ne peut jamais servir d'ordonnateur, d'architecte, d'artiste, de perfecteur de la nature humaine. – Ce n'est pas la nature de *Voltaire*, avec sa modération, son penchant à arranger, à purifier, à modifier, mais les folies et les demi-mensonges passionnés de *Rousseau* qui ont éveillé l'esprit optimiste de la Révolution, contre lequel je m'écrie : « *Écrasez l'infâme !* » Par lui *l'esprit des Lumières et de l'évolution progressive* a été banni pour longtemps : voyons – chacun à part soi – s'il est possible de le rappeler !

H, n° 463

Contre ceux qui blâment la brièveté. – Ce qui est dit brièvement peut être le fruit et la moisson de quelque chose de longuement médité ; mais le lecteur qui est novice sur ce terrain, et qui n'y a pas autrement réfléchi, voit quelque chose d'embryonnaire dans tout ce qui est dit brièvement, non sans un blâme à l'adresse de l'auteur qui a osé lui présenter une nourriture encore verte, pas encore mûre.

OS, n° 127

Contre les myopes. – Croyez-vous donc que c'est de l'ouvrage décousu parce qu'on vous le présente en morceaux (et qu'il faut vous le présenter ainsi) ?

OS, n° 128

« *Bon livre sait attendre* ». – Tout bon livre a une saveur âpre lorsqu'il paraît : il a le défaut de la nouveauté. De plus son auteur lui est nuisible, s'il est encore vivant et que l'on parle de lui, car tout le monde a l'habitude de confondre l'écrivain et son œuvre. Ce qu'il y a en celle-ci d'esprit, de douceur, d'éclat doré devra se développer avec l'âge, grâce aux soins d'une admiration toujours grandissante, d'une vénération ancienne qui finit par être traditionnelle. Mainte heure doit avoir passé là-dessus, et bien des araignées devront y tisser leur toile. De bons lecteurs rendent un livre toujours meilleur et de bons adversaires le clarifient.

OS, n° 153

Peu et sans amour. – Tout bon livre est écrit pour un lecteur déterminé et ceux de son espèce et c'est pourquoi tous les autres lecteurs, c'est-à-dire le plus grand nombre, l'accueillent fort mal ; sa réputation repose sur une base étroite et ne peut être édifiée que lentement. Le livre médiocre et mauvais l'est justement parce qu'il cherche à plaire au grand nombre et qu'en effet il lui plaît.

OS, n° 158

En faveur des critiques. – Les insectes piquent, non par méchanceté, mais parce que, eux aussi, veulent vivre : il en est de même des critiques ; ils veulent notre sang et non pas notre douleur.

OS, n° 164

Éviter. – On ne sait pas en quoi consiste, chez les esprits distingués, la délicatesse de l'expression et du tour de phrase, avant de pouvoir dire sur quel mot tout écrivain médiocre serait tombé inévitablement, s'il avait voulu exprimer la même chose. Tous les grands artistes s'entendent à éviter, à faire un écart en conduisant leur char, – mais ils ne vont jamais jusqu'à verser.

VO, n° 97

Odeur des mots. – Chaque mot a son odeur : il y a une harmonie et une dissonance des parfums, donc aussi des mots.

VO, n° 119

Jean-Sébastien Bach. – Lorsque l'on n'écoute pas la musique de Bach en connaisseur accompli et sagace du contrepoint et de toutes les manières du style fugué, lorsque l'on se prive ainsi d'une véritable jouissance artistique, on l'écoutera tout autrement, avec l'état d'esprit d'un homme (pour employer avec Goethe une expression magnifique) qui eût été présent au moment où *Dieu créa le monde*. C'est-à-dire que l'on sentira alors que là quelque chose de grand est en gestation, mais n'est pas encore : notre *grande* musique moderne. Elle a déjà vaincu le monde en remportant la victoire sur l'Église, les nationalités et le contrepoint. Chez Bach il y a encore trop de christianisme cru, de germanisme cru, de scolastique crue ; il se trouve au seuil de la musique européenne (moderne), mais de là il tourne son regard vers le Moyen Âge.

VO, n° 149

Origine des « pessimistes ». – Une bouchée de bonne nourriture décide souvent si nous regarderons l'avenir avec des yeux découragés ou pleins d'espoir : cela est vrai dans les choses les plus hautes et les plus intellectuelles. Le mécontentement et les idées noires ont été *transmis* aux générations actuelles par les faméliques de jadis. Même chez nos artistes et nos poètes, on remarque souvent, malgré l'opulence de leur vie, qu'ils ne sont pas d'une bonne origine, que leur sang et leur cerveau charrient des débris du passé, des souvenirs d'ancêtres mal nourris et opprimés leur vie durant, ce qui est visible dans leurs œuvres, dans l'objet et la couleur qu'ils ont choisis. La civilisation des Grecs est une civilisation de gens qui possèdent, dont la fortune est d'origine ancienne : ils vécurent *mieux* que nous pendant quelques siècles (mieux de toutes les manières et, avant tout, beaucoup plus simplement au point de vue de la nourriture et de la boisson) : c'est alors que le cerveau devint à la fois si plein et si subtil, alors que le sang se mit à circuler rapidement, semblable à un joyeux vin clair. Ils produisirent donc ce qu'il y a de bien et de meilleur, non plus avec des couleurs sombres, plein d'extase et de violence, mais avec le rayonnement solaire de la beauté.

VO, n° 184

Livres européens. – Quand on lit Montaigne, La Rochefoucauld, La Bruyère, Fontenelle (particulièrement les *Dialogues des morts*), Vauvenargues, Chamfort, on est plus près de l'Antiquité qu'avec n'importe quel groupe de six auteurs d'un autre peuple. Par ces six écrivains l'*esprit des derniers siècles* de l'ère *ancienne* a revécu à nouveau, – réunis ils forment un chaînon important dans la grande chaîne continue de la Renaissance. Leurs livres s'élèvent au-dessus des variations du goût national et des nuances philosophiques, où chaque livre croit devoir scintiller maintenant pour devenir célèbre ; ils contiennent plus d'*idées véritables* que tous les ouvrages de philosophie allemande ensemble [...] bref, ces écrivains me semblent n'avoir écrit ni pour les enfants ni pour les exaltés, ni pour les jeunes vierges ni pour les chrétiens, ni pour les Allemands, ni pour... me voici encore embarrassé pour terminer ma liste. – Mais pour formuler une louange bien intelligible, je dirai qu'écrites en grec leurs œuvres eussent été comprises aussi par des Grecs. [...] Quelle clarté et quelle précision délicate, chez ces Français ! Les Grecs les plus subtils auraient été forcés d'approuver cet art et il y a une chose qu'ils auraient même admirée et adorée, l'*esprit* français dans l'expression : ils *aimaient* beaucoup ce genre de choses sans y être précisément très forts.

VO, n° 214

S'éveiller du rêve. – Des hommes nobles et sages ont cru jadis à la musique des sphères : des hommes nobles et sages croient encore à « la signification morale de l'existence ». Mais voici venir le jour où cette musique des sphères, elle aussi, ne sera plus perceptible à leur oreille ! Ils s'éveilleront et s'apercevront que leur oreille a rêvé.

A, n° 100

Nuit et musique. – Ce n'est que dans la nuit et dans la pénombre des forêts et des cavernes obscures que l'oreille, organe de la crainte, a pu se développer aussi abondamment qu'elle l'a fait, selon la façon de vivre de l'âge de la peur, c'est-à-dire de la plus longue époque humaine qu'il y ait eu : lorsqu'il fait clair, l'oreille est beaucoup moins nécessaire. De là le caractère de la musique, art de la nuit et de la pénombre.

A, n° 250

Interruption. – Un livre comme celui-ci n'est pas fait pour être lu hâtivement d'un bout à l'autre, ni pour en faire la lecture à haute voix ; il faut l'ouvrir souvent, surtout en se promenant ou en voyage ; il faut pouvoir s'y plonger, puis regarder ailleurs et ne plus rien trouver d'habituel autour de soi.

A, n° 454

La musique du meilleur avenir. – Le premier musicien serait pour moi celui qui ne connaîtrait que la tristesse du plus profond bonheur, et qui ignorerait toute autre tristesse. Il n'y a pas eu jusqu'à présent de pareil musicien.

GS, n° 183

Livres. – Qu'importe un livre qui ne sait même pas nous transporter au-delà de tous les livres ?

GS, n° 248

Il faut apprendre à aimer. – Voilà ce qui nous arrive en musique : il faut d'abord *apprendre à entendre* en général, un thème ou un motif, il faut le percevoir, le distinguer, l'isoler et le limiter en une vie propre ; puis il faut un effort et de la bonne volonté pour le *supporter*, malgré son étrangeté, pour avoir de la patience à l'égard de son aspect et de son expression, de la bonté pour son caractère singulier : – enfin arrive le moment où nous nous sommes habitués à lui, où nous l'attendons, où nous pressentons qu'il nous manquerait s'il faisait défaut ; et maintenant il continue à exercer sa contrainte et son charme et ne cesse point que nous n'en soyons devenus les amants humbles et ravis, qui ne veulent rien de mieux au monde que ce motif et encore ce motif. – Mais il n'en est pas ainsi seulement de la musique : c'est exactement de la même façon que nous avons *appris à aimer* les choses que nous aimons. Finalement nous sommes toujours récompensés de notre bonne volonté, de notre patience, de notre équité, de notre douceur à l'égard de l'étranger, lorsque pour nous l'étranger écarte lentement son voile et se présente comme une nouvelle, indicible beauté : – c'est sa façon de nous *remercier* pour notre hospitalité. De même celui qui s'aime soi-même aura appris à s'aimer par cette voie-là : il n'y en a pas d'autre. L'amour aussi, il faut l'apprendre.

GS, n° 334

En regard d'un livre savant. – [...] Vous aurez autre chose, au lieu du métier et du maître vous aurez le littérateur, le littérateur habile et souple qui manque en effet de bosse – si l'on ne compte pas celle du gros dos qu'il fait devant vous, comme garçon de magasin de l'esprit et comme « représentant » de la culture –, le littérateur qui au fond n'*est* rien, mais qui « représente » presque tout, qui joue et « remplace » le connaisseur, qui, en toute humilité, se charge aussi de se *faire* payer, vénérer et célébrer à sa place. – Non, mes amis savants ! Je vous bénis, même à cause de votre bosse. Et aussi parce que vous méprisez, comme moi, les littérateurs et les parasites de la culture ! [...]

GS, n° 366

Quel supplice, pour qui possède une *troisième* oreille, que la lecture des livres allemands ! Quelle impatiente colère éveille en lui ce marécage lentement remué de sons qui ne sonnent pas, de rythmes qui ne dansent pas, que les Allemands appellent un livre ! Et que dire de l'Allemand qui *lit* des livres ! Comme il lit mal, paresseusement et à contrecœur ! Combien d'Allemands savent et se soucient de savoir qu'il y a de l'*art* dans toute phrase bien faite – un art qu'il faut deviner si l'on veut comprendre la phrase ? Se tromper, par exemple, sur le *tempo* d'une phrase, c'est se tromper sur son sens. N'avoir pas le moindre doute sur les syllabes décisives pour le rythme, sentir que la rupture d'une symétrie trop rigide est voulue et fait le charme d'une phrase, prêter une oreille patiente et attentive à tout *staccato*, à tout *rubato*, deviner le sens qu'il y a dans la succession des voyelles et des diphtongues, et comment, selon l'ordre où elles se suivent, elles peuvent se colorer des teintes les plus délicates et les plus riches, ou en prendre de nouvelles : qui, parmi les Allemands liseurs de livres, a la bonne grâce de reconnaître des devoirs et des exigences de cet ordre, et de prêter une oreille attentive à tant d'art et d'intentions dans la langue ? Il leur manque justement « l'oreille » pour ces choses, et c'est ainsi que les plus violentes oppositions de style passent inaperçues et que l'art le plus subtil est *gaspillé* comme si l'on s'adressait à des sourds. Telles furent mes réflexions après avoir remarqué avec quelle ignorance grossière on confondait l'un avec l'autre deux maîtres dans l'art de la prose, l'un qui laisse ses phrases froides tomber lentement goutte à goutte comme l'eau qui suinte de la voûte d'une caverne humide – il compte sur leur sonorité assourdie et leur sourde résonance – et l'autre qui manie sa langue comme une épée flexible et sent vibrer en chacun de ses muscles la joie dangereuse de la lame tremblante et acérée, impatiente de mordre, de siffler, de trancher...

BM, n° 246

[...] Dans d'autres cas la forme aphoristique de mes écrits présente une certaine difficulté : mais elle vient de ce qu'aujourd'hui l'on ne prend pas cette forme *assez au sérieux*. Un aphorisme dont la fonte et la frappe sont ce qu'elles doivent être n'est pas encore « déchiffré » parce qu'on l'a lu ; il s'en faut de beaucoup, car l'*interprétation* ne fait alors que commencer et il faut tout un art de l'interprétation. [...] Il est vrai que, pour élever ainsi la lecture à la hauteur d'un *art*, il faut posséder avant tout une faculté qu'on a précisément le mieux oubliée aujourd'hui – et c'est pourquoi il s'écoulera encore du temps avant que mes écrits soient « lisibles » –, une faculté qui exigerait presque que l'on ait la nature d'une vache et *non point*, en tous les cas, celle d'un « homme moderne » : j'entends la faculté de *ruminer*...

G, p. 775-776

[...] Je n'aime pas le « Nouveau Testament », on le devine ; cela m'inquiète presque d'être ainsi seul de mon avis au sujet de ce livre si estimé et si surfait (le goût de près de deux mille ans s'élève *contre* moi) : mais qu'y faire ! « Me voici, je ne puis faire autrement » – j'ai le courage de mon mauvais goût. L'*Ancien* Testament – c'est là une tout autre affaire : respect à l'Ancien Testament ! Là je trouve de grands hommes, un décor héroïque et, chose rare entre toutes en ce monde, l'inestimable naïveté du *cœur fort* ; bien plus, j'y trouve un peuple. Dans le Nouveau, en revanche, règne le remue-ménage de toutes sortes de petites sectes, le rococo de l'âme, quelque chose de contourné, d'anguleux et de bizarre, l'atmosphère des conventicules. [...] Comment pouvaient-ils tant faire état de leurs petites imperfections, ces pieux bonshommes ! Personne ne s'en soucie et Dieu moins que personne. Pour finir ils veulent encore avoir « la couronne de la vie éternelle », ces petites gens de province. Pourquoi donc ? Dans quel but ? C'est d'une impudence sans égale. Un Pierre « immortel » : qui donc le supporterait *celui-là* ? Ils ont un orgueil qui prête vraiment à rire : *cela* ne cesse de rabâcher ses affaires personnelles, ses sottises, ses tristesses, ses soucis mesquins, comme si l'Essence des choses était obligée de s'en préoccuper, *cela* n'est jamais las de mêler Dieu dans les plus petits chagrins où ils s'embourbent. Et ce perpétuel tutoiement du dernier mauvais goût dans les rapports avec Dieu !

Cette familiarité judaïque, et non seulement judaïque, familiarité de la gueule et de la patte avec Dieu ! Il y a dans l'Asie orientale de petits « peuples païens » méprisés, dont ces premiers chrétiens auraient pu apprendre quelque chose en fait de *tact* dans la vénération ; ces peuples ne se permettent pas, les missionnaires chrétiens en font foi, de prononcer même le nom de leur dieu [...].

G, p. 875-876

[...] Sans musique la vie serait une erreur [...].

C, p. 953

Mes impossibilités. – *Sénèque* : ou le toréador de la vertu. – *Rousseau* [...] – *Dante* : ou l'hyène qui *versifie* sur les tombes [...]
– *Victor Hugo* : ou le phare au bord de l'océan du non-sens. – *Liszt* : ou le style courant... après les femmes. – *George Sand* : ou *lactea ubertas*, soit : la vache laitière au « beau style ». – *Michelet* : ou l'enthousiasme en bras de chemise. – *Carlyle* : ou le pessimisme de mauvaise digestion. [...] – *Zola* : ou « la joie de puer ».

C, p. 991

[...] Mon repos, ma préférence, ma *cure*, après tout le platonisme, fut de tout temps *Thucydide*. Thucydide et peut-être *Le Prince* de Machiavel me ressemblent le plus par la volonté absolue de ne pas s'en faire accroire et de voir la raison dans la *réalité*, – et *non* dans la « raison », encore moins dans la « morale » [...].

C, p. 1025

[...] On me demande souvent pourquoi j'écris *en allemand* ; car nulle part je ne serais plus mal lu que dans ma patrie. Mais en fin de compte qui sait si je *désire* être lu aujourd'hui ? – Créer des choses sur quoi le temps essaye en vain ses dents, tendre par la forme et par *la substance* à une petite immortalité – je n'ai jamais été assez modeste pour exiger moins de moi. L'aphorisme, la sentence, où le premier je suis passé maître parmi les Allemands, sont les formes de l'« éternité » ; mon orgueil est de dire en dix phrases ce que tout autre dit en un volume, – ce qu'un autre ne dit *pas* en un volume [...].

C, p. 1023

Table des matières

Introduction
  par Louis Van Delft 5

LA VIE COMME VOYAGE 19

SUR LE THÉÂTRE DU MONDE 29

L'ESPRIT LIBRE 42

LES FEMMES ET L'AMOUR 48

LE RENVERSEMENT DES VALEURS 56

L'ÉCOLE DE GUERRE DE LA VIE 62

MORALE. BIEN ET MAL. MAÎTRES ET ESCLAVES ... 67

LITTÉRATURE ET MUSIQUE 80

Librio

616

Composition PCA à Rezé
Achevé d'imprimer en Allemagne (Pössneck) par GGP
en octobre 2003 pour le compte de E.J.L.
84, rue de Grenelle, 75007 Paris
Dépôt légal octobre 2003

Diffusion France et étranger : Flammarion